해커스변호사

공법

Public Law

 2024년 제13회 변호사시험

기출문제집

기록형

해커스변호사

서문

1. 들어가며

이 책은 2022년에 출간된 이래 공법 기록형 시험을 준비하는 수험생으로부터 과분한 사랑을 받았습니다. 이 책에 보내준 독자들의 성원에 깊이 감사드리며, 저자로서 막중한 책임감을 갖고 보다 더 좋은 공법기록형 수험서의 집필로 보답하고자 합니다.

본서는 2024년 제13회 변호사시험 공법 기록형 문제와 해설을 담았으며, 2024년 1월 말까지 선고된 헌법재판소 결정 및 대법원 판결, 제·개정된 헌법부속법률 등을 반영하였습니다.

2. 이 책의 구성·특징 및 활용법

초판 서문을 참조하시기 바랍니다.

3. 로스쿨 『공법(헌법·행정법)』 기출 교재 시리즈의 출간 및 강의

변호사시험 공법(헌법·행정법) 기출문제의 공부를 위하여, 해커스변호사 시리즈로 『헌법 사례형 변호사시험 기출문제집』, 『공법 기록형 변호시험 기출문제집』을 출간하였습니다. 이 책들은 변호사시험 공법 대비에 큰 도움이 될 것입니다.

작년과 마찬가지로 올해도 해커스변호사 학원에서 변호사시험을 대비한 다양한 공법(헌법·행정법) 선택형, 사례형, 기록형 강의를 진행할 예정입니다. 2001년 강의를 시작한 이래 20여년간 공법 강사로서 과분한 사랑을 받아왔는데, 그 사랑 더 좋은 강의로 되돌려 드리겠습니다.

4. 마무리 인사

마지막으로 제 책과 강의가 수험생에게 '헌법실력의 향상'과 함께 '합격의 영광'도 함께 가져오기를 기원합니다.

2024년 2월 29일

법무법인(유) 세종 사무실에서

金 柳 香

※ (추신) 이 책, 또는 공법 공부와 관련된 학습 문의는 '김유향 우리법학연구소' 홈페이지(cafe.daum.net/WooriLac)으로 하시면 됩니다.

초판 머리말

1. 이 책의 기획의도

이 책은 공법 기록형 시험을 준비하는 수험생이라면 반드시 풀어봐야 하는 공법 기록형 제1회부터 제11회까지의 변호사시험 기출문제를 해설한 것입니다. 그리고 공법 기록형 기재사항을 정리하여, 수험생들의 공법 기록형 이해 및 암기에 도움을 주고자 기획된 수험서입니다.

2. 이 책의 구성·특징 및 활용법

(1) 이 책은 **공법 기록형 기출문제**(본책)와 **공법 기록형 기출해설**(책속의 책)을 분리하여 볼 수 있도록 하였습니다. 이는 문제와 해설을 한꺼번에 펼쳐놓고 공부할 수 있도록하여 공부의 편의성과 효율성을 높이기 위한 것입니다. 또한 책속책인 해설집은 **'공법 기록형 기재사항 정리'** 및 **'공법기록형 기출해설'**로 각 구성하였습니다.

(2) **[본책]인 '공법 기록형 기출문제'**는 수험생들의 부담을 덜어 주고자 모의시험 문제를 제외하고, **2012년 제1회부터 2022년 제11회까지 변호사시험 공법 기록형 문제만**을 실었습니다(모의고사에 대해서는 추후 별도의 책으로 출간예정). 시험공부에 임할 때 기출문제를 이해하고 그 문제에 등장한 쟁점을 암기하는 것이 얼마나 중요한 것인가에 대해서는 아무리 강조해도 지나치지 않다고 생각합니다. 왜냐하면 **기출문제에 등장한 논점은 이미 공법적으로 중요한 쟁점임을 공인받은 것이므로 향후 시험에서도 계속 출제**될 수 있기 때문입니다.

실제로 기출문제를 분석해보면 앞서 출제된 논점이 때로는 '그대로', 때로는 '비슷한 형태로', 때로는 '응용·변형된 형태로' 계속 출제되고 있음을 알 수 있습니다. 따라서 기출문제를 대할 때 "여기서 등장한 논점들이 다음 시험에 또 출제될 수 있다."는 경각심을 가져야 하고, '일단 암기하고 보자'는 태도보다는 **先이해, 後암기**, 즉 응용·변형된 형태로 출제될 수 있으므로 "먼저 해당 논점을 정확히 이해하겠다."는 태도로 임하셔야 합니다. 각 문제해설 앞에 서술된 '핵심정리' 부분이 기록형 이해에 많은 도움을 줄 것입니다.

(3) **[책속책]인 해설집의 '공법 기록형 기재사항 정리'**에서는 공법 기록형 기재사항을 전체적으로 정리하였습니다. 공법 기록형은 소장, 청구서 등의 형식적 기재사항이 15~20점에 달하므로 이에 대한 정확한 이해와 정리는 아무리 강조해도 지나치지 않습니다. 따라서 이 책의 **'공법 기록형 기재사항 정리'만을 제대로 공부하더라도 공법 기록형의 기본점수를 획득하고 시작**할 수 있을 것입니다.

(4) **[책속책]인 해설집의 기출해설**은 모든 문제해설 앞에 **'핵심정리' 및 '목차'를 정리하여, 기록형의 쟁점을 정확히 파악하고 이해할 수 있도록** 하였습니다. 문제해설을 '핵심정리'과 '상세해설'로 이원화함으로써, **수준별 학습 및 시간 절약이 가능**하도록 함과 동시에 **실제 시험에서 기출 변형이나 낯선 문제가 출제되더라도 충분히 대비**할 수 있도록 하였습니다.

이 책은 초심 독자들이 공법 기록형을 정확히 이해하는데 도움을 주기 위해 **기출문제를 상당히 자세하게 해설**하였습니다. 그러면서도 시간과 분량이 한정된 **실전답안에 반드시 표출되어야 하는 부분에 대해서는 밑줄을 그어 수험 효율성도 함께 추구**하였습니다.

3. 로스쿨 『공법(헌법·행정법)』 기출 교재 시리즈의 출간

변호사시험 공법(헌법·행정법) 기출문제의 공부를 위하여, 이미 2022년 3월에 해커스변호사 시리즈로 『해커스변호사 변호사시험 핵심기출 200제 공법 선택형』, 『해커스변호사 변호사시험 기출문제집 헌법 사례형』, 『해커스변호사 변호사시험 기출문제집 행정법 사례형』을 각 출간하였습니다. 따라서 『해커스변호사 변호사시험 기출문제집 공법 기록형』을 출간함으로써 변호사시험 공법 선택형/사례형/기록형 기출문제집은 완성되었습니다. 이 책들은 변호사시험 공법 대비에 큰 도움이 될 것입니다. 아울러 이 책들을 교재로 한 강의를 3~4월에 아래와 같이 진행하고 있으니 참고하시기 바랍니다.

4. 로스쿨 공법(헌법·행정법) 강의 개설

저자는 2001년 강의를 시작한 이래 20여 년간 공법(헌법·행정법) 강사로서 과분한 사랑을 받아왔습니다. 그런데 지난 몇 년간 여러 사정으로 강의를 많이 제공하지 못하였고, 이 점 늘 미안하고 안타까웠습니다. 다행히 올해 3월부터는 **해커스변호사 학원에서 변호사시험을 대비한 다양한 공법(헌법·행정법) 강의를 진행**할 수 있게 되었습니다. 강의의 구체적인 내용은 다음과 같습니다.

① 2월 헌법기본강의(교재 『간추린 로스쿨 핵심강의 헌법』), ② 3월 공법(헌법·행정법)선택형 기출특강(교재 『해커스변호사 변호사시험 핵심기출 200제 공법 선택형』), ③ 4월 공법(헌법·행정법)사례형/기록형 기출특강(교재 『해커스변호사 변호사시험 기출문제집 헌법/행정법 사례형』, 『해커스변호사 변호사시험 기출문제집 공법 기록형』), ④ 6월 공법(헌법·행정법) 암기장 + 주요 판례/기록형 특강, ⑤ 7월 사례 + 최신판례 특강, ⑥ 9월 공법(헌법·행정법) 진도별 모의고사 특강, ⑦ 11월 공법(헌법·행정법) 파이널 특강 등을 예정하고 있습니다.

5. 감사 및 마무리 인사

이 책은 2021년 인하대학교 법학전문대학원에서 공법 실무 강의를 위해 정리한 원고를 가다듬은 것입니다. 당시 저자의 강의를 듣는 제자로서, 때로는 학문적 동료로서, 때로는 생각하지 못한 질문으로 과제를 던져주는 스승으로서, 저자와 함께한 원생들이 있었기에 이 책의 출간이 가능했습니다. 이 자리를 빌려 그 원생들에게, 특히 제11회 변호사시험을 치른 후 이 책의 출간을 위해 헌신해준 조창훈 예비 변호사에게 깊은 감사의 마음을 전하고 싶습니다. 그 모든 원생들이 훌륭한 법조인으로 성장하기를 기원합니다.

서산대사님은 "눈 덮인 들판길을 걸어갈 때 함부로 어지럽게 걷지 마라. 오늘 내가 가는 이 발자취는 뒷사람의 이정표가 될 것이다"라고 하였습니다. 저자는 공법 기록형 수험생들에게 이정표가 될 수 있는 책을 만들겠다는 심정으로 임하였습니다.

아무쪼록 제 책과 강의가 공법 공부에 많은 도움이 되고 합격의 영광도 함께 가져오기를 기원합니다.

2022.3.25.
도헌(道憲) 공법연구소에서

김유향

목차

law.Hackers.com

2024년 제13회 변호사시험 문제

2024년도 제13회 변호사시험 문제

시험과목	공 법(기록형)

응시자 준수사항

[공통사항]

1. 시험 시작 전 문제지의 봉인을 손상하는 경우, 봉인을 손상하지 않더라도 문제지를 들추는 행위 등으로 문제 내용을 미리 보는 경우 그 답안은 영점으로 처리됩니다.

2. 시험시간 중에는 휴대전화, 스마트워치, 무선이어폰 등 무선통신 기기를 비롯한 전자기기를 지녀서는 안 됩니다.

3. 답안지에는 문제 내용을 쓸 필요가 없으며, 답안 이외의 사항을 기재하거나 밑줄 기타 어떠한 표시도 하여서는 안 됩니다.

4. 지정된 시각까지 지정된 시험실에 입실하지 않거나 시험관리관의 승인 없이 시험시간 중에 시험실에서 퇴실한 경우, 그 시간 시험과 나머지 시간의 시험에 응시할 수 없습니다.

5. 시험시간 중에는 어떠한 경우에도 문제지를 시험실 밖으로 가지고 갈 수 없고, 그 시험시간이 끝난 후에는 문제지를 시험장 밖으로 가지고 갈 수 있습니다.

[CBT 방식]

1. 시험 시작 전까지 **프로그램에 로그인하지 않았을 경우, 그 시간 시험과 나머지 시간의 시험에 응시할 수 없습니다.**

2. 시험시간은 프로그램에 의해 자동 시작, 종료되며 시험이 종료되면 답안을 수정하는 등 답안 작성을 일절 할 수 없습니다.

[수기 방식]

1. 답안은 흑색 또는 청색 필기구(수성펜이나 연필 사용 금지) 중 한 가지 필기구만을 사용하여 답안 작성란(흰색 부분) 안에 기재하여야 합니다.

2. 답안지에 성명과 수험번호 등을 기재하지 않아 인적사항이 확인되지 않는 경우에는 영점으로 처리되는 등 불이익을 받게 됩니다. 특히 답안지를 바꾸어 다시 작성하는 경우, 성명 등의 기재를 빠뜨리지 않도록 유의하여야 합니다.

3. 답안을 정정할 경우에는 두 줄로 긋고 다시 써야 하며, 수정액·수정테이프 등은 사용할 수 없습니다.

4. 시험 종료 시각에 임박하여 답안지를 교체했더라도 시험시간이 끝나면 그 즉시 새로 작성한 답안지를 회수합니다.

5. 시험시간이 지난 후에는 답안지를 일절 작성할 수 없습니다. 이를 위반하여 **시험시간이 종료되었음에도 불구하고 계속 답안을 작성할 경우 그 답안은 영점으로 처리됩니다.**

6. 답안은 답안지의 쪽수 번호 순으로 써야 합니다. **배부된 답안지는 백지 답안이라도 모두 제출하여야 하며, 답안지를 제출하지 아니한 경우 그 시간 시험과 나머지 시험에 응시할 수 없습니다.**

목 차

【 문 제 】

Ⅰ. 행정소장의 작성 (50점)

의뢰인 ㈜오션을 위하여 법무법인 새해의 담당변호사 입장에서 행정소장을 첨부된 양식에 따라 아래 사항을 준수하여 작성하시오.

    가. 첨부된 행정소장 양식의 **1**부터 **8**까지의 부분에 들어갈 내용만 기재할 것

    나. "2. 이 사건 소의 적법성"부분(**5**)에는 대상적격, 원고적격, 피고적격, 협의의 소의 이익, 관련청구소송의 병합요건(단, 병합요건 중 각 청구의 소송요건은 구비된 것으로 봄)만 기재할 것

    다. "3. 이 사건 처분의 위법성"부분(**6**)과 "4. 가. 국가배상책임의 성립" 부분(**7**)에는 기존 판례 및 학설의 입장에 비추어 설득력 있는 주장을 중심으로 작성하되, 근거법령의 위헌·위법성에 관하여는 기재하지 말 것

    라. 관할법원(**8**)은 「행정소송법」 제9조 제1항에 따른 법원을 기재할 것

Ⅱ. 가처분신청서의 작성(15점)

의뢰인 서제공을 위하여 법무법인 새해의 담당변호사 입장에서 가처분신청서를 첨부된 양식에 따라 아래 사항을 준수하여 작성하시오.

    가. 첨부된 가처분신청서 양식의 **1**, **2** 부분에 들어갈 내용만 기재할 것

    나. 헌법재판소에 접수되는 헌법소원심판사건의 사건번호는 2024헌마16으로 할 것

Ⅲ. 헌법소원심판청구서의 작성(35점)

의뢰인 서제공을 위하여 법무법인 새해의 담당변호사 입장에서 헌법소원심판청구서를 첨부된 양식에 따라 아래 사항을 준수하여 작성하시오.

　　가. 첨부된 헌법소원심판청구서 양식의 **❶**부터 **❸**까지의 부분에 들어갈 내용만 기재할 것

　　나. "2. 적법요건의 구비"부분(**❷**)에는 청구인능력, 공권력행사성, 권리보호이익은 기재하지 말 것

　　다. "3. 위헌이라고 해석되는 이유"부분(**❸**)에는 의뢰인을 위해 합리적으로 제기해 볼 수 있는 한에서 위헌성을 주장하되, 내부회의록 등 기록상 나타난 소송전략을 반영할 것

【 작성요령 및 주의사항 】

1. 참고법령은 가상의 것으로 이에 근거하여 작성하며, 이와 다른 내용의 현행 법령이 있다면 제시된 법령이 현행 법령에 우선하는 것으로 할 것

2. 기록에 나타난 사실관계만 기초로 하고, 그것이 사실임을 전제로 할 것

3. 기록 내의 각종 서류에 필요한 서명, 날인, 무인, 간인, 정정인, 직인 등은 특별한 언급이 없는 한 적법하게 갖추어진 것으로 볼 것

4. "(생략)"으로 표시된 부분은 모두 기재된 것으로 볼 것

5. 문장은 경어체로 작성할 것

6. 2023. 6. 11.부터 「강원특별자치도 설치 등에 관한 특별법」이 시행되었으나 기록 내에서 "강원도"로 표기함

7. 행정소장과 헌법소원심판청구서 작성 당시 법무부장관은 "이민서", 속초시장은 "김재준"으로 할 것

【 행정소장 양식 】

소　　장

원　　고 | **❶**
피　　고 | **❷**

주소 · 연락처 (생략)

사 건 명 | **❸**

청 구 취 지

❹

청 구 원 인

1. 이 사건 처분의 경위 (생략)

2. 이 사건 소의 적법성

❺

3. 이 사건 처분의 위법성

❻

4. 이 사건 국가배상책임의 성립 및 손해배상의 범위

　가. 국가배상책임의 성립

❼

　나. 손해배상의 범위 (생략)

5. 결　　론 (생략)

입 증 방 법 (생략)

첨 부 서 류 (생략)

2024 (생략)

원고 소송대리인 (생략)　　(인)

❽　　귀중

가 처 분 신 청 서

신 청 인   서제공 (주소, 연락처, 대리인 생략)
본안사건   2024헌마16

신 청 취 지

1

신 청 이 유

1. 본안사건의 개요 (생략)

2. 가처분의 필요성

2

3. 결   론 (생략)

첨 부 서 류 (생략)

2024. 1. 9.

청구인의 대리인 (생략)   (인)

헌법재판소 귀중

【 헌법소원심판청구서 양식 】

헌 법 소 원 심 판 청 구 서

청 구 인   서제공 (주소, 연락처, 대리인 생략)

청 구 취 지

❶

침 해 된 권 리 (생략)

침 해 의 원 인 (생략)

청 구 이 유

1. 사건의 개요 (생략)

2. 적법요건의 구비

❷

3. 위헌이라고 해석되는 이유

❸

4. 결   론 (생략)

첨 부 서 류 (생략)

2024. 1. 9.

청구인의 대리인 (생략)   (인)

헌법재판소 귀중

기록내용 시작

수임번호 제2023-661호	법 률 상 담 일 지 I (행정소송용)		2023. 11. 17.
의 뢰 인	㈜오션(대표 김정석)	의뢰인 전화	033-5021-1234
의 뢰 인 주　　소	강원도 속초시 대포로 15(대포빌딩 2층)	의 뢰 인 E-mail	ocean88912@maver.com

상 담 내 용

1. 김정석은 2023. 3. 31. 의뢰인 ㈜오션의 대표이사로 취임하였는데, 위 회사가 속초 대포항에서 운영하던 '오션캐슬'이라는 유흥주점영업의 영업자지위가 나양도로 승계된 것에 대하여 다투고자 내방하였다.

2. 김정석이 대표이사로 취임하기 직전에 의뢰인 회사의 대표이사는 나양도였다. 그런데 나양도는 의뢰인 회사가 운영하는 유흥주점영업을 자신의 처가 운영하는 회사로 이전할 목적으로 나양도 자신을 양수인으로 한 영업양도계약서와 의뢰인 회사의 임시주주총회 의사록을 위조하여 2022. 12. 16. 속초시청에 가서 영업자지위승계신고를 하였다.

3. 속초시청의 담당 공무원인 손해국은 2022. 12. 29. 영업자지위승계신고서에 첨부된 영업양도계약서와 임시주주총회 의사록의 위조 여부를 확인하지 않고, 행정절차법에 따라 의뢰인 회사에 사전통지를 한 후 위 영업자지위승계신고를 수리하였다. 나양도는 다음 날 위 신고 수리서를 송달받았다.

4. 김정석은 의뢰인 회사의 대표이사로 취임한 후 회사의 사업과 재무상태를 점검하던 중 2023. 4. 15.에야 비로소 위와 같은 사실을 알게 되었다. 김정석은 원만히 해결하기 위해 나양도와 수개월간 협의를 시도하였으나 실패하고 결국 소송으로 해결하고자 본 법무법인을 방문하였다. 의뢰인 회사는 위 유흥주점영업이 의뢰인 회사의 유일한 사업인데, 이사회의 승인이나 주주총회의 특별결의도 없이 주주들 몰래 영업의 전부를 양도하는 계약은 무효라고 주장한다. 또한 담당 공무원이 첨부서류의 위조 여부도 제대로 확인하지 않고 신고수리를 해 준 것은 명백한 업무 태만이라고 주장한다.

5. 의뢰인 회사는 영업자지위승계신고에 대한 수리통보의 효력을 다투어 위 유흥주점영업의 영업자지위를 회복하고, 담당 공무원의 부주의로 신고서가 수리되는 바람에 영업을 할 수 없어 손해가 발생하고 있으므로 일실이익 상당을 국가배상으로 전보받기를 희망한다.

법무법인 새해(담당변호사 최정의)

전화 (02) 234-5678　　팩스 (02) 345-6789　전자우편 happy2024@newyear.co.kr

서울특별시 서초구 서초대로 30번길 15, 법조빌딩 4층

법무법인 새해 내부회의록 Ⅰ (행정소송용)

일 시: 2023. 11. 18. 15:00~17:00
장 소: 법무법인 새해 중회의실
참석자: 이윤재 변호사(송무팀장), 최정의 변호사(담당변호사)

이 변호사: 지금부터 수임번호 제2023-661호 사건에 대한 소송 전략회의를 시작하겠습니다. 내방한 김정석은 ㈜오션의 대표이사이지요? 이번에 ㈜오션이 소송을 의뢰했다면서요?

최 변호사: 네, 의뢰인 회사는 자신이 운영하던 유흥주점영업의 영업자지위승계신고에 대한 수리처분에 관하여 소송을 제기해 줄 것을 원하고 있습니다.

이 변호사: 의뢰인 회사가 영업자지위승계신고에 동의했을 텐데, 무슨 이유로 수리처분에 대해 다툰다는 것이지요?

최 변호사: 김정석은 올해 3. 31.에 의뢰인 회사의 대표이사로 취임했다고 합니다. 그런데 김정석이 취임하기 직전에 대표이사였던 나양도가 무단으로 영업자지위승계신고를 하고 수리처분을 받았습니다.

이 변호사: 어떤 사정이 있기에 무단이라고 하는 것이지요?

최 변호사: 의뢰인 회사는 속초시 대포항 앞에서 '오션캐슬'이라는 유흥주점영업을 허가받아 운영하였습니다. 유흥주점영업은 위 회사의 유일한 영업이었습니다. 회사의 거의 모든 수익은 위 유흥주점영업의 운영에서 발생하였습니다. 그런데 당시 대표이사였던 나양도는 주주총회의 특별결의도 없이 마치 주주총회를 거친 것처럼 영업양도계약서와 임시주주총회 의사록을 위조하여 영업양도가 적법하게 이루어진 것으로 가장하여 영업자지위승계신고를 하였습니다.

이 변호사: 먼저 이 사건 유흥주점영업의 양도가 주주총회의 특별결의 사항인지 확인하였나요?

최 변호사: 네, 관련 상법 규정과 판례를 확인하였습니다. 대법원 2017다288757판결에서는 상법 제374조 제1항 제1호가 강행규정이므로 주식회사가 주주총회의 특별결의 없이 영업의 전부 또는 중요한 일부를 양도하면 그와 같은 양도계약은 무효라고 보고 있습니다.

이 변호사: 만약 사법상 영업양도계약이 무효라면 나양도의 신고행위의 효력도 문제가 되겠네요. 하자있는 신고행위의 효력을 법리적으로 잘 논증해주세요.

최 변호사: 네, 그렇게 하겠습니다.

이 변호사: 그리고 만약 사인의 공법행위인 신고에 하자가 있으면 이를 전제로 한 행정행위의 효력은 어떻게 되나요?

최 변호사: 이론적으로 여러 견해가 있는 것 같던데, 판례를 참조하여 주장해 보겠습니다.

이 변호사: 그런데 송달도 적법하게 이루어졌고... 취소소송을 제기하기에는 제소기간이 한참 지난 것 같네요. 항고소송의 종류를 고민해 보세요.

최 변호사: 네, 알겠습니다. 다만, 한 가지 의문이 있습니다. 영업양도계약이 무효라면 민사소송으로 양도계약의 무효확인 판결을 먼저 받고 이후에 항고소송을 제기해야 할지 고민됩니다.

이 변호사: 그건 최 변호사가 잘 판단해서 주장해 주세요. 이 사건은 소의 적법요건에서 주장할 내용이 많을 것 같습니다. 소가 각하되지 않도록 논리 구성을 잘해 주시기 바랍니다. 혹시 절차 위법 사항은 없었나요?

최 변호사: 절차 위법은 없었습니다. 또 한 가지 상의드릴 내용이 있습니다. 의뢰인이 정보공개를 청구해서 영업자지위승계신고에 첨부된 영업양도계약서와 임시주주총회 의사록을 확인해 보았는데, 이 서류들이 위조되었다는 것을 육안으로도 쉽게 알 수 있었다고 합니다. 하물며 담당 공무원이 이를 제대로 확인하지 않고 신고수리를 해 주었다는 것이 일반적인 상식으로 도저히 이해가 되지 않습니다. 설사 담당 공무원에게 형식적 심사권만 있다고 하더라도 주주총회 의사록 등이 위조된 정황에 대한 의심이 들면 진위를 확인해야 할 주의의무가 있을 것 같습니다.

이 변호사: 네, 그렇군요.

최 변호사: 참, 의뢰인 회사는 국가배상청구소송도 함께 제기해 달라고 요청하고 있습니다.

그런데 항고소송과 별개로 소장을 접수하기보다는 항고소송과 함께 청구하는 것이 나을 것 같습니다.

이 변호사: 그래요? 우리 법무법인에서 그런 형태의 병합청구 소송을 제기한 적이 없는데, 이번에 한 번 시범적으로 청구해 보는 것도 좋겠군요. 다만, 판례는 국가배상청구를 민사소송으로 보고 있으므로 항고소송과 병합할 수 있는 요건이 충족되는지를 잘 검토해 주시기 바랍니다. 병합청구를 하게 되면 피고도 신경을 써야겠군요.

최 변호사: 잘 알겠습니다. 그런데 제가 예전에 공부할 때 항고소송에 국가배상청구를 병합하려면 먼저 항고소송에서 인용판결이 확정되어야 한다고 배운 것 같기도 한데, 확실한 내용이 잘 기억나지 않습니다.

이 변호사: 그 부분은 최 변호사가 좀 더 알아보고 소의 적법성에서 관련청구병합요건을 검토할 때 함께 주장해 주시기 바랍니다. 국가배상청구 부분은 소송요건에는 문제가 없어 보입니다. 다만, 본안에서 배상책임이 성립할 수 있나요? 영업자지위승계신고 수리업무가 국가사무인지 자치사무인지 구별해서 배상책임의 주체를 확정할 필요가 있겠네요. 배상책임 요건 충족이 좀 까다로울 것 같다는 생각이 듭니다.

최 변호사: 네, 판례를 참조하여 요건별로 잘 주장해 보겠습니다.

이 변호사: 네, 좋습니다. 손해배상액 산정은 어떻게 하기로 했습니까?

최 변호사: 영업자지위승계신고가 수리되는 바람에 의뢰인 회사는 2023. 3. 15.부터 영업을 하지 못하여 영업손해가 계속 발생하고 있는 상황입니다. 손해배상액은 차후에 구체적으로 산정하기로 하고 일단 소장에서는 일부청구로 5백만 원과 2023. 3. 15.부터 발생하는 지연손해금만 청구하려고 합니다.

이 변호사: 네, 알겠습니다. 소장 작성에 최선을 다해 주시기를 바랍니다. 이상으로 회의를 마치겠습니다. <끝>

등기번호	002312	등기사항전부증명서(현재사항)
등록번호	200777-0*****	

				변경
상 호	(주) 오션		· ·	등기
본 점	강원도 속초시 대포로 15(대포빌딩 2층)		· ·	변경
			· ·	등기
공고방법	서울시내에서 발행하는 일간 매일경제신문에 게재한다.		· ·	변경
			· ·	등기
1주의 금액 금 1,000원			· ·	변경
			· ·	등기
발행할 주식의 총수 1,000,000주			· ·	변경
			· ·	등기

발행주식의 총수와 그 종류 및 각각의 수	자본의 총액	변경 연월일 등기 연월일	
발행주식의 총수 1,000,000주 보통주식 1,000,000주 우선주식 0주	금 1,000,000,000원	· ·	변경
		· ·	등기

목 적

1. 식품접객업(유흥주점영업)
2. 제1호에 관련된 부대사업

임원에 관한 사항

이사 이허수 650510-2****** 2020년 02월 02일 취임	2020년 02월 02일 등기
이사 홍수래 851023-1****** 2020년 02월 02일 취임	2020년 02월 02일 등기
이사 정정해 551122-2****** 2020년 02월 02일 취임	2020년 02월 02일 등기
대표이사 나양도 720702-1****** 2020년 02월 02일 취임	서울 관악구 봉천로 3, 201호(봉천동, 양도빌라) 2020년 02월 02일 등기
감사 장수현 710207-1****** 2020년 02월 02일 취임	2020년 02월 02일 등기

수수료 금 1,000원 영수함. 관할등기소 춘천지방법원 속초지원등기계 / 발행등기소 서울중앙지방법원 등기국
등기부 등본입니다. {다만 신청이 없는 경우에는 효력이 없는 등기사항과
지배인(대리인), 지점(분사무소)의 등기사항을 생략하였습니다.}

서기 2022년 12월 01일
서울중앙지방법원 등기국 등기관

[인: 서울중앙지방법원 등기국 등기관의인]

4010915313667289567922482064-1234-4032　　　　1/1　　　　발행일　2022/12/01

- 13 -

제12345호

영 업 허 가 증

○ **업 소 명** : 오션캐슬
○ **소 재 지** : 속초시 대포로 15(대포빌딩 4,5층)
○ **영업장 면적** : 463.29㎡
○ **대표자(법인)** : 나양도(생년월일: 1972. 7. 2.)(㈜오션)
○ **영업의 종류** : 식품접객업(영업의 형태: 유흥주점영업)

「식품위생관리법」 제37조제1항에 따라 식품접객업의 영업을 허가합니다.

2020년   2월   12일

속초시장 [인: 속초시장의인]

제2021-588호

안전 · 위생교육 이수증

1. 성명: 심성용

2. 생년월일: 1998. 01. 10.

3. 영업장명 및 지위: 오션캐슬의 종업원

4. 영업장 주소: 강원도 속초시 대포로 15(대포빌딩 4,5층)

위 사람은 「식품위생관리법」 제41조에 따라 안전 · 위생교육을
이수하였으므로 이수증을 발급합니다.

2021년   11월   2일

속초시장

속 초 시
장 의 인

- 15 -

식품영업자 지위승계 신고서

접수번호 05342	접수일 2022. 12. 16.	발급일	처리기간

승계를 하는 사람	성명 ㈜오션(대표자: 나양도)	법인번호 200777-0*****
	주소 강원도 속초시 대포로 15(대포빌딩 2층)	전화번호 033-5021-1234

승계를 받는 사람	성명 나양도	주민등록번호 720702-1******
	주소 서울특별시 관악구 봉천로 3, 201호(봉천동, 양도빌라)	전화번호 070-5021-****
	등록기준지 강원도 속초시 전통로 1번길 12	

영업소	명칭(상호)	변경 전 오션캐슬
		변경 후 오션캐슬
	영업의 종류 유흥주점영업	
	소재지 강원도 속초시 대포로 15(대포빌딩 4,5층)	전화번호 033-5021-****

허가번호	제12345호
승계사유	[✔] 양도·양수 [ ] 상속 [ ] 그 밖의 사유( )

별첨	영업양도양수계약서, 임시주주총회 의사록

「식품위생관리법」 제39조제2항 및 같은 법 시행규칙 제48조제1항에 따라 위와 같이 신고합니다.

2022년   12월   16일

신고인(승계를 받는 사람)   나양도 (인) (나양도)

대리인이 식품영업자 지위승계 신고를 하는 경우에는 아래의 위임장을 작성하시기 바랍니다.				
위 임 장	본인은 영업자의 지위승계 신고와 관련한 모든 사항을 아래 대리인에게 위임합니다. 신고인: (서명 또는 인)			
대리인 인적사항	성명	생년월일	전화번호	신고인과의 관계

속초시장 귀하

영업양도양수계약서

양도인(㈜오션)과 양수인(나양도)은 다음과 같이 영업양도양수계약을 체결한다.

다 음

1. 양도인은 양도인이 운영하고 있는 유흥주점영업(업소명: 오션캐슬, 소재지: 강원도 속초시 대포로 15, 대포빌딩 4,5층) 사업에 관한 일체의 권리와 의무를 양수인에게 무상으로 양도한다.

2. 양수인은 양도인이 2023년 3월 14일까지 위 장소에서 영업할 수 있도록 협조하며, 그 다음 날부터는 양수인이 실질적으로 영업을 운영하기로 상호합의한다.

2022년 12월 16일

양도인   ㈜오션 (인)
         강원도 속초시 대포로 15(대포빌딩 2층)

양수인   나양도 (인)
         서울시 관악구 봉천로 3, 201호(봉천동, 양도빌라)

임시주주총회 의사록

○ 일시, 장소

2022. 12. 17. 본사 회의실

○ 참석 주주(소유 주식수)

1. 나양도(100,000주)

2. 이허수(490,000주)

3. 홍수래(200,000주)

4. 정정해(210,000주)

○ 안건: 영업양도의 건

당사가 운영하고 있는 유흥주점영업(업소명: 오션캐슬, 소재지: 강원도 속초시 대포로 15, 대포빌딩 4,5층) 사업에 관한 일체의 권리와 의무를 나양도에게 무상으로 양도한다는 내용

○ 의사 진행 경과

1. 의장 나양도는 임시주주총회의 개회를 선언한 후 주주들이 의안을 심의하였다.

2. 최종적으로 표결한 결과 주주들 모두 위 안건에 대하여 찬성하였다.

3. 의장은 위 안건이 가결되었음을 선언한 후 임시주주총회를 종결하였다.

○ 의결사항

당사의 나양도에 대한 영업양도의 안건을 가결함

○ 첨부 : 각 주주의 인감증명서

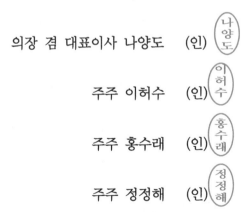

의장 겸 대표이사 나양도　(인)

주주 이허수　(인)

주주 홍수래　(인)

주주 정정해　(인)

■ 인감증명법 시행령 [별지 제14호서식]

인감증명서 발급사실 확인용 번호	12355-212355-2******
신청인: 이허수(생년월일: 1965. 5. 10.), 담당자: 윤소연(전화: 생략)	

※ 이 용지는 위조식별표시가 되어 있음

주민등록 번호	6 5 0 5 1 0 - 2 * * * * * *	인감증명서		본인	대리인
				○	
성명 (한자)		이허수 (李虛數)	인감	李虛數	
국적		대한민국			
주소		서울시 서초구 서초대로 7번길, 205동 303호			

용도	매도용	[ ] 부동산 매수자, [ ] 자동차 매수자			
		성 명 (법인명)		주민등록번호 (법인등록번호)	-
		주 소 (법인·사업장 소재지)			
		위의 기재사항을 확인합니다.			
		(발급신청자)		(서명)	
	일반용	부자은행의 대출용으로만 사용			
비고	일반용의 용도 기재사항을 확인함				

1. 용도의 일반용란은 '은행제출용', 'ㅇㅇ은행의 대출용으로만 사용'등 자유롭게 기재할 수 있습니다. 다만, 피한정후견인의 인감 증명서를 발급하는 경우에는 담당 공무원이 신청인에게 구체적인 용도를 확인하여 직접 기재하여 발급하여야 합니다.

(생략)

※ 유효기간: 증명일로부터 3개월간임

발급번호	00231	위 인감은 신고되어 있는 인감임을 증명합니다.
		2021년 12월 5일
		서초구 반포동장 서초구반 포동장인

- 19 -

■ 인감증명법 시행령 [별지 제14호서식]

인감증명서 발급사실 확인용 번호	12355-215789-2******
신청인: 홍수래(생년월일: 1985. 10. 23.), 담당자: 김유신(전화: 생략)	

※ 이 용지는 위조식별표시가 되어 있음

주민등록 번호	8 5 1 0 2 3 − 1 * * * * * *	인감증명서		본인	대리인
				○	

성명 (한자)	홍수래 (洪秀峽)	인감	洪秀峽
국적	대한민국		
주소	서울시 강북구 길동로 25번길, 101동 1004호		

용 도	매 도 용	[ ] 부동산 매수자, [ ] 자동차 매수자		
		성 명 (법인명)	주민등록번호 (법인등록번호)	−
		주 소 (법인·사업장 소재지)		
		위의 기재사항을 확인합니다. (발급신청자)　　　　　　　　　(서명)		
	일 반 용	부자은행의 대출용으로만 사용		
비고		일반용의 용도 기재사항을 확인함		

1. 용도의 일반용란은 '은행제출용', 'OO은행의 대출용으로만 사용'등 자유롭게 기재할 수 있습니다. 다만, 피한정후견인의 인감
증명서를 발급하는 경우에는 담당 공무원이 신청인에게 구체적인 용도를 확인하여 직접 기재하여 발급하여야 합니다.

(생략)

※ 유효기간: 증명일로부터 3개월간임

발급번호	00870	위 인감은 신고되어 있는 인감임을 증명합니다. 2021년　12월　4일 강북구 쌍문동장　　　　　　　　강북구쌍 　　　　　　　　　　　　　　　문동장인

■ 인감증명법 시행령 [별지 제14호서식]

인감증명서 발급사실 확인용 번호	12355-217534-6******
신청인: 정정해(생년월일: 1955. 11. 22.), 담당자: 김시형(전화: 생략)	

※ 이 용지는 위조식별표시가 되어 있음

주민등록 번호	5 5 1 1 2 2 - 2 * * * * * *	인감증명서		본인	대리인
성명 (한자)		정정해 (鄭正解)			○
			인감	鄭正解	
국적		대한민국			
주소		서울시 강동구 아시아로 8번길, 307동 103호			

용도	매도용	[ ] 부동산 매수자, [ ] 자동차 매수자		
		성 명 (법인명)	주민등록번호 (법인등록번호)	-
		주 소 (법인 · 사업장 소재지)		
		위의 기재사항을 확인합니다. (발급신청자)　　　　　　　　　(서명)		
	일반용	부자은행의 대출용으로만 사용		
비고		일반용의 용도 기재사항을 확인함		

1. 용도의 일반용란은 '은행제출용', '○○은행의 대출용으로만 사용'등 자유롭게 기재할 수 있습니다. 다만, 피한정후견인의 인감증명서를 발급하는 경우에는 담당 공무원이 신청인에게 구체적인 용도를 확인하여 직접 기재하여 발급하여야 합니다.

(생략)

※ 유효기간: 증명일로부터 3개월간임

발급번호	01005	위 인감은 신고되어 있는 인감임을 증명합니다. 2021년　12월　5일 강동구 반월동장

- 21 -

속초시

수 신 자   나양도
제   목   식품영업자 지위승계 신고서 수리 통보

----

1. 시정 발전에 협조하여 주심에 감사드리며, 가내 건강과 평안을 기원합니다.

2. 귀하의 2022. 12. 16.자 식품영업자 지위승계 신고가 수리되었음을 통보합니다.

※ 붙임 : 영업허가증(영업양수)

2022년 12월 29일

속초시장 [속초시 장의인]

기안 주무관 손해국   검토 사무관 이연준   전결 식품위생관리과장   곽윤재
시행 식품위생관리과-20227894 (2022.12.29.)   공개구분   (생략)
주소 강원도 속초시 시청대로 1, 속초시청   전화번호   (생략)

제13215호

영 업 허 가 증

(영업양수)

○ 업 소 명 : 오션캐슬
○ 소 재 지 : 속초시 대포로 15(대포빌딩 4,5층)
○ 영업장 면적 : 463.29㎡
○ 대표자(법인) : 나양도(생년월일: 1972. 7. 2.)
○ 영업의 종류 : 식품접객업(영업의 형태: 유흥주점영업)

「식품위생관리법」 제37조제1항 및 같은 법 제39조에 따라 식품접객업의 영업을
허가합니다.

2022년   12월   29일

속초시장 [속초시장의인]

등기사항전부증명서(현재사항)

		변경
상 호	㈜오션	· ·
		· · 등기
본 점	강원도 속초시 대포로 15(대포빌딩 2층)	· · 변경
		· · 등기

공고방법 서울시내에서 발행하는 일간 매일경제신문에 게재한다.		· · 변경
		· · 등기

1주의 금액 금 1,000원		· · 변경
		· · 등기

발행할 주식의 총수 1,000,000주		· · 변경
		· · 등기

발행주식의 총수와 그 종류 및 각각의 수	자본의 총액	변 경 연 월 일 등 기 연 월 일
발행주식의 총수 1,000,000주 보통주식 1,000,000주 우선주식 0주	금 1,000,000,000원	· · 변경
		· · 등기

목 적

1. 식품접객업(유흥주점영업)
2. 제1호에 관련된 부대사업

임원에 관한 사항

이사 이허수 650510-2****** 2020년 02월 02일 취임	2020년 02월 02일 등기
이사 홍수래 851023-1****** 2020년 02월 02일 취임	2020년 02월 02일 등기
이사 정정해 551122-2****** 2020년 02월 02일 취임	2020년 02월 02일 등기
~~대표이사 나양도 720702-1****** 서울 관악구 봉천로 3, 201호(봉천동, 양도빌라)~~ ~~2020년 02월 02일 취임~~	~~2020년 02월 02일 등기~~
감사 장수현 710207-1****** 2020년 02월 02일 취임	2020년 02월 02일 등기
대표이사 김정석 701111-1****** 서울 서초구 서초대로 10번길, 101동 1001호 2023년 03월 31일 취임	2023년 03월 31일 등기

수수료 금 1,000원 영수함. 관할등기소 춘천지방법원 속초지원등기계 / 발행등기소 서울중앙지방법원 등기국
등기부 등본입니다. {다만 신청이 없는 경우에는 효력이 없는 등기사항과
지배인(대리인), 지점(분사무소)의 등기사항을 생략하였습니다.}
서기 2022년 12월 01일
서울중앙지방법원 등기국 등기관

서 울 중 앙
지 방 법 원
등 기 국 등
기 관 의 인

702231256781234565679234215610-4215-2678　　　　1/1　　　　　　　　　　발행일　2023/04/05

증서 2023년 제425호

공 정 증 서

공증인가 법무법인 날개

전화: 033-514-1004

팩스: 033-514-1009

증서	2023년	제425호

본 공증인은 당사자들의 촉탁에 따라 다음의 법률행위에 관한 진술의 취지를 청취하여 이 증서를 작성한다.

1. 진술인들은 ㈜오션의 이사 및 주주들로 ㈜오션이 2022. 12. 16. 나양도에게 '오션캐슬'이라는 유흥주점영업을 양도한 사실에 대해 전혀 모르고 있다가 김정석이 대표이사로 취임한 이후에 비로소 알게 되었다.

2. 위 유흥주점의 영업양도에 관해서 이사회에서 안건으로 논의된 바가 없다.

3. ㈜오션의 주주총회는 2022년에 단 한 번 개최되었는데, 영업양도에 관한 안건은 포함되어 있지 않았다.

4. 영업자지위승계신고 시 첨부된 임시주주총회의사록을 살펴본 결과, 날인된 주주 각자의 인영은 주주들의 막도장일 뿐 인감증명서에 날인된 인감도장이 아니다.
더구나 그 인감증명서는 1년 전에 회사 명의로 대출을 받기 위해 발급받은 것이다.

5. '오션캐슬'의 영업양도를 위해 주주총회를 했다면 적어도 영업양도계약일 전의날짜가 적혀 있어야 할 텐데, 임시주주총회의사록의 날짜가 영업양도계약일 다음 날인 2022. 12. 17.로 기재되어 있다.

6. 이상의 내용은 틀림없는 사실임을 진술한다.

진술인: ㈜오션의 이사 및 주주(이허수, 홍수래, 정정해)

작성연월일 2023년 11월 28일

작성자 공증인가 법무법인 날개

주소 강원도 강릉시 율곡로 23번길 5, 사임당빌딩 4층

공증담당변호사 이의인 이의인

속초시 세입결산

(단위: 원)

일반회계[종합민원과]

과목			예산액	수납액	불납 결손액	부기
관	항	목				
(생략)						
210 경상적 세외수입	213 수수료수입	213-01 증지수입	290,000,000	306,212,060	0	
		213-02 기타수수료	58,000,000	123,919,260	0	
	214 이자수입	214-01 기타 이자수입		58,409	0	
220 일시적 세외수입	(생략)					
(생략)						

※ 1. 기타수수료는 「식품위생관리법」 제92조 및 「속초시 영업허가신청등 수수료 조례」에 따라 수납한 각종 영업허가 및 변경, 승계 등에 관한 수수료임.

(이하 생략)

- 27 -

수임번호 제2023-783호	법 률 상 담 일 지 Ⅱ (헌법소원용)		2023. 12. 28.
의 뢰 인	서제공	의뢰인 전 화	02-987-6543
의 뢰 인 주 소	서울특별시 성북구 헌재로 10, 4층	의뢰인 E-mail	upload@uploadall.com

상 담 내 용

1. 의뢰인 서제공은 절친한 고향 친구인 ㈜오션의 대표이사 김정석의 소개로 본 법무법인을 방문하였다. 의뢰인은 온라인을 통해 영화, 드라마, 동영상 등 콘텐츠를 제공하는 개인사업자로, 「아동 성보호법」상 사람들이 정보통신망을 통하여 온라인 자료를 이용할 수 있도록 서비스를 제공하는 '온라인서비스제공자'이다.

2. 국회는 온라인에서 유통되는 아동이용음란물이 사회적 문제로 대두되자 2023. 12. 4. 「아동 성보호법」을 개정하면서 같은 법 제25조(온라인서비스제공자의 의무)에 "자신이 관리하는 정보통신망에서 아동이용음란물을 발견하기 위한 조치를 취하지 않거나 발견된 아동이용음란물의 즉시 삭제, 전송 방지 및 중단하는 기술적인 조치를 취하지 아니한 온라인서비스제공자는 3년 이하의 징역 또는 2천만원 이하의 벌금에 처한다." 라고 규정하였고, 해당 조항은 공포 후 3개월이 경과한 날부터 시행될 예정이다.

3. 의뢰인이 온라인서비스제공업을 시작한 지는 1년 남짓 되었으며 현재 이용회원이 채 2만 명이 되지 않아 지금도 사업 운영에 어려움을 겪고 있다. 의뢰인은 「아동 성보호법」이 개정되면서 공포 후 3개월 내에 자신이 관리하는 정보통신망에서 아동이용음란물을 발견하기 위한 조치와 발견된 아동이용음란물의 즉시 삭제, 전송 방지 및 중단하는 기술적인 조치를 취해야 하는 추가적인 부담을 지게 되었고, 나아가 형사처벌의 위험에 처하게 되었다고 주장한다.

4. 의뢰인은 개정된 「아동 성보호법」이 자신의 기본권을 침해한다고 주장하면서 관련 조항들에 대한 헌법소원심판을 청구하기를 원하며, 위 헌법소원심판청구와 더불어 효력정지가처분신청을 하기를 원한다.

법무법인 새해(담당변호사 김승소)

전화 (02) 234-5678   팩스 (02) 345-6789   전자우편 happy2024@newyear.co.kr

서울특별시 서초구 서초대로 30번길 15, 법조빌딩 4층

법무법인 새해 내부회의록 Ⅱ(헌법소원용)

일　시: 2023. 12. 29. 14:00~15:00
장　소: 법무법인 새해 중회의실
참석자: 전진실 변호사(헌법소송팀장), 김승소 변호사(담당변호사)

전 변호사: 의뢰인 서제공의 헌법소원심판청구 건에 대하여 논의하여 봅시다. 의뢰인의 주장이 무엇인가요?

김 변호사: 의뢰인은 온라인을 통해 영화, 드라마, 동영상 등 콘텐츠를 제공하는 개인사업자로, 「아동 성보호법」상 사람들이 정보통신망을 통하여 온라인 자료를 이용할 수 있도록 서비스를 제공하는 '온라인서비스제공자'입니다. 뉴스를 통해서 들어 보셨겠지만 얼마 전 국회는 온라인에서 유통되는 아동이용음란물이 사회적 문제로 대두되자 이에 대응하기 위해 「아동 성보호법」을 개정하면서 제25조를 신설하여 "자신이 관리하는 정보통신망에서 아동이용음란물을 발견하기 위한 조치를 취하지 않거나 발견된 아동이용음란물의 즉시 삭제, 전송 방지 및 중단하는 기술적인 조치를 취하지 아니한 온라인서비스제공자는 3년 이하의 징역 또는 2천만원 이하의 벌금에 처한다."라고 규정하였습니다. 이에 의뢰인은 이러한 「아동 성보호법」의 개정이 자신의 온라인서비스제공업 운영에 지나친 부담이 되고 나아가 형사처벌의 위험에까지 노출되었다며 개정된 법률에 대한 헌법소원심판을 청구하기를 원하고 있습니다.

전 변호사: 개정된 「아동 성보호법」 제25조는 아직 시행되지는 않은 건가요?

김 변호사: 네, 「아동 성보호법」 제25조는 공포 후 3개월이 경과한 2024. 3. 5.부터 시행될 예정입니다. 의뢰인은 자신이 온라인서비스제공업을 시작한 지 1년 남짓에 이용회원도 채 2만 명이 되지 않아 현재도 사업 운영에 큰 어려움을 겪고 있는 상황에서 이러한 법률 개정으로 인한 추가적인 부담은 더 이상 사업 운영을 불가능하게 할 뿐만 아니라 이로 인해 형사처벌을 받을까 걱정하고 있습니다. 또한 3개월의 유예기간은 이러한 급격한 법률 개정에 적절히 대응하기에는 지나치게 짧다고 주장하고 있습니다.

전 변호사: 2024. 3. 5.부터 시행되면 두 달 남짓 남았는데 급하게 되었네요. 개정된 「아동

성보호법」 제25조에 따라 의뢰인이 새롭게 부담하게 되는 의무는 무엇이지요?

김 변호사: 네, 두 가지로 볼 수 있습니다. 개정된 법률에 따르면 온라인서비스제공자는 먼저 아동이용음란물을 발견하기 위한 조치('발견 조치')와 발견된 아동이용음란물의 즉시 삭제, 전송 방지 및 중단하는 기술적인 조치('삭제 및 전송방지 조치')를 취하여야 합니다.

전 변호사: 이러한 의무의 부과가 의뢰인이 사업 운영을 하지 못하게 할 정도로 과도하다고 볼 수 있을까요?

김 변호사: 관련 자료를 조사해 본 결과, 아동이용음란물 발견의무를 이행하기 위한 조치로는 이용자 스스로가 아동이용음란물로 의심되는 자료를 발견하는 경우 온라인서비스제공자에게 상시 신고할 수 있도록 하는 조치('신고접수 조치')와 온라인 자료의 특징 또는 명칭을 분석하여 기술적으로 아동이용음란물로 인식되는 자료를 찾아내도록 하는 조치('인식목적 기술적 조치')를 취해야 합니다. 인식목적 기술적 조치 중에는 특정 검색어를 기반으로 특정 자료를 찾아내는 기술('금칙어 인식 기술'), 데이터 고유 특성을 추출하여 특정 자료의 데이터와 대조하여 일치되는 자료를 찾아내는 기술('대조 인식 기술') 등 다양한 방식이 있는 것으로 보입니다. 이러한 기술들의 연구·개발이나 도입을 위해서는 상당한 시간과 비용이 들어가는 것으로 조사되었습니다.

전 변호사: 그렇군요. 「아동 성보호법」 제25조는 규정된 의무를 준수하지 못한 온라인서비스제공자에게 3년 이하의 징역 또는 2천만원 이하의 벌금에 처하도록 하면서도 어느 정도 내용의 조치를 취해야 하는지 등에 관하여 모호하게 규정된 것으로 보입니다. 먼저 이 부분에 대한 위헌성 주장을 준비해 주세요.

김 변호사: 네, 잘 준비해 보겠습니다.

전 변호사: 또한, 새롭게 부과된 의무로 인해서 의뢰인과 같은 온라인서비스제공자가 지금까지 영위해 왔던 영업을 더 이상 수행하지 못하게 되었을 뿐 아니라 형사처벌의 위험에 처하게 되었습니다. 온라인서비스제공자는 정보 유통의 매개자에 불과한데 아동이용음란물 유통에 적극적으로 관여하거나 이를 조장하지 않은 경우에도 일률적으로 형벌로 처벌하는 것은 지나친 것으로 보입니다. 또한 3개월의 유예기간은 이러한 상황 변화에 대응하기에는 지나치게

짧은 것으로 보입니다. 이에 대해서도 관련 기본권을 중심으로 위헌성 주장을 준비하여 주시면 고맙겠습니다.

김 변호사: 네, 차질 없이 준비토록 하겠습니다.

전 변호사: 개정된 「아동 성보호법」이 곧 시행을 앞두고 있습니다. 개정법이 시행되면 의뢰인은 언제라도 형사처벌을 받게 될 수 있습니다. 개정된 「아동 성보호법」에 대한 헌법소원심판청구서와 더불어 효력정지가처분신청서를 함께 준비해 주시기 바랍니다.

김 변호사: 네, 헌법재판소 선례에서 제시된 가처분 요건에 따라 충실하게 준비토록 하겠습니다.

전 변호사: 좋습니다. 오늘 이야기하지 않은 적법요건 부분도 잘 정리해서 작성해 주십시오. 그럼, 오늘 회의는 이것으로 마치겠습니다. <끝>

대 리 인 선 임 서

사 건	헌법소원심판청구
청 구 인	서제공

위 사건에 관하여 다음 표시 수임인을 대리인으로 선임하고, 다음 표시에서 정한 권한을 수여합니다.

수 임 인	**법무법인 새해** 서울 서초구 서초대로 30번길 15, 법조빌딩 4층 전화 02-234-5678 팩스 02-345-6789
수권사항	1. 헌법소원심판청구(가처분신청 포함)와 관련된 모든 소송행위
	2023. 12. 28.
위 임 인	서제공 (인)

헌법재판소 귀중

담 당 변 호 사 지 정 서

사 건	헌법소원심판청구
청 구 인	서제공

위 사건에 관하여 법무법인 새해는 청구인의 대리인으로서 「변호사법」 제50조제1항에 의하여 그 업무를 담당할 변호사를 다음과 같이 지정합니다.

담당변호사	김승소

2023. 12. 28.

법무법인   새 해

대표변호사   신 호 인   [법무법인 새 해 인장]

서울특별시 서초구 서초대로 30번길 15, 법조빌딩 4층

전화 (02) 234-5678 팩스 (02) 345-6789

헌법재판소 귀중

온라인상 아동이용음란물 극성, 도대체 국회는 무엇을 하고 있나?

[웹뉴스 / 정밀아 / 입력 2023.08.17. 22:15]

(전략)

아동이용음란물은 아동을 성적 대상으로 보는 왜곡된 인식과 비정상적 가치관 형성에 영향을 주는 결정적 수단이다. 이를 시청하는 것은 아동을 대상으로 하는 성범죄 발생의 주된 원인 중 하나로 알려져 있으며, 정보통신기술의 급속한 발전으로 정보통신망은 아동이용음란물이 대량 유통되는 주요 경로로 지목되고 있다. 따라서 아동을 성범죄로부터 보호하고 아동을 성적 대상으로 보는 왜곡된 인식 형성을 막기 위하여, 정보통신망을 매개로 한 아동이용음란물의 보관·유통을 적극적으로 억제할 필요가 있다.

진원여자대학교 소아상담학과 이상구 교수는 "아동이용음란물의 특성상 자료가 이미 온라인으로 확산되어 버린 이후에는 피해 아동의 인권 침해를 막기 어려우며, 온라인서비스제공자가 적극적으로 대응하지 않으면 아동이용음란물의 온라인상 광범위한 확산에 효과적으로 대응할 수 없다."라고 말한다. 그러나 온라인 서비스이용자의 입장에서 아동이용음란물 보관·유통을 억제하는 조치는 서비스 이용상 불편을 초래할 수 있고 서비스이용자로부터 일정한 대가를 받아 이윤을 창출하는 온라인서비스제공자가 이윤 감소를 감수하면서까지 아동이용음란물의 보관·유통을 규제하는 방안을 자율적으로 도입할 것을 기대하기는 어렵다.

전문가들은 아동이용음란물 보관·유통에 대한 대응을 온라인서비스제공자의 자율적 규제에 맡기는 데에는 한계가 있고 실효적이지도 않으므로 이를 효과적으로 차단하기 위해서는 국회가 입법을 통해 온라인서비스제공자에게 적극적 의무를 부과하는 것이 필요하다고 입을 모은다. 이제 공은 국회로 넘어갔다.

정밀아 기자 <milah@webnews.com>

http://www.webnews.com/media/38572

참고법령

「식품위생관리법」

제1조(목적) 이 법은 식품으로 인하여 생기는 위생상의 위해(危害)를 방지하고 식품영양의 질적 향상을 도모하며 식품에 관한 올바른 정보를 제공함으로써 국민 건강의 보호·증진에 이바지함을 목적으로 한다.

제2조(정의) 이 법에서 사용하는 용어의 뜻은 다음과 같다.

1. ~ 9. (생략)

10. "영업자"란 제37조제1항에 따라 영업허가를 받은 자나 같은 조 제4항에 따라 영업신고를 한 자 또는 같은 조 제5항에 따라 영업등록을 한 자를 말한다.

제36조(시설기준) ① 다음의 영업을 하려는 자는 대통령령으로 정하는 시설기준에 맞는 시설을 갖추어야 한다.

1. ~ 2. (생략)

3. 식품접객업

② (생략)

③ 제1항 각 호에 따른 영업의 세부 종류와 그 범위는 대통령령으로 정한다.

제37조(영업허가 등) ① 제36조제1항 각 호에 따른 영업 중 대통령령으로 정하는 영업을 하려는 자는 대통령령으로 정하는 바에 따라 영업 종류별 또는 영업소별로 식품의약품안전처장 또는 특별자치시장·특별자치도지사·시장·군수·구청장의 허가를 받아야 한다. 허가받은 사항 중 대통령령으로 정하는 중요한 사항을 변경할 때에도 또한 같다.

제38조(영업허가 등의 제한) ① 다음 각 호의 어느 하나에 해당하면 제37조제1항에 따른 영업허가를 하여서는 아니 된다.

1. 해당 영업 시설이 제36조에 따른 시설기준에 맞지 아니한 경우

제39조(영업 승계) ① 영업자가 영업을 양도하거나 사망한 경우 또는 법인이 합병한 경우에는 그 양수인·상속인 또는 합병 후 존속하는 법인이나 합병에 따라 설립되는 법인은 그 영업자의 지위를 승계한다.

② 제1항에 따라 그 영업자의 지위를 승계한 자는 총리령으로 정하는 바에 따라 1개월 이내에 그 사실을 식품의약품안전처장 또는 특별자치시장·특별자치도지사·시장·군수·구청장에게 신고하여야 한다.

제41조(식품안전·위생교육) 대통령령으로 정하는 영업자 및 유흥종사자를 둘 수 있는 식품접객업 영업자의 종업원은 매년 특별자치시장·특별자치도지사·시장·군수·구청장이 정하는 바에 따라 식품안전·위생에 관한 교육을 받아야 한다.

제43조(영업 제한) ① 특별자치시장·특별자치도지사·시장·군수·구청장은 영업 질서와 선량한 풍속을 유지하는 데에 필요한 경우에는 영업자 중 식품접객영업자와 그 종업원에 대하여 영업시간 및 영업행위를 제한할 수 있다.
② 제1항에 따른 제한 사항은 대통령령으로 정하는 범위에서 해당 특별자치시·특별자치도·시·군·구의 조례로 정한다.

제92조(수수료) 다음 각 호의 어느 하나에 해당하는 자는 1만원을 초과하지 아니하는 범위에서 해당 특별자치시·특별자치도·시·군·구의 조례로 정하는 수수료를 내야 한다.
 1. 제37조, 제39조에 따른 허가를 받거나 신고 또는 등록을 하는 자

「식품위생관리법 시행령」(대통령령 제33920호)

제21조(영업의 종류) 법 제36조제1항 각 호에 따른 영업의 세부 종류와 그 범위는 다음 각 호와 같다.
 1. ~ 7. (생략)
 8. 식품접객업
  라. 유흥주점영업: 주로 주류를 조리·판매하는 영업으로서 유흥종사자를 두거나 유흥시설을 설치할 수 있고 손님이 노래를 부르거나 춤을 추는 행위가 허용되는 영업

제23조(허가를 받아야 하는 영업 및 허가관청) 법 제37조제1항 전단에 따라 허가를 받아야 하는 영업 및 해당 허가관청은 다음 각 호와 같다.
 1. 제21조제6호가목의 식품조사처리업: 식품의약품안전처장
 2. 제21조제8호다목의 단란주점영업과 같은 호 라목의 유흥주점영업: 특별자치시장·특별자치도지사 또는 시장·군수·구청장

- 36 -

제28조(영업의 제한 등) 법 제43조제2항에 따라 특별자치시·특별자치도·시·군·구의 조례로 영업을 제한하는 경우 영업시간의 제한은 1일당 8시간 이내로 하여야 한다.

제46조(업종별 시설기준) 법 제36조에 따른 업종별 시설기준은 다음 각 호와 같다.
1. 식품접객업의 시설기준
　가. 공통시설기준
　1) ~ 4) (생략)
　5) 공통시설기준의 적용특례
　　가) 공통시설기준에도 불구하고 다음의 경우에는 해당 특별자치시·특별자치도·시·군·구의 조례로 정할 수 있다.
　　　(1) 영업장의 면적이 500제곱미터 이하인 유흥주점영업을 하는 경우

「식품위생관리법 시행규칙」(총리령 제1879호)

제48조(영업자 지위승계 신고) ① 법 제39조제2항에 따른 영업자의 지위승계 신고를 하려는 자는 별지제49호서식의 영업자 지위승계 신고서에 다음 각 호에서 정하는 바에 따른 서류를 첨부하여 허가관청, 신고관청 또는 등록관청에 제출해야 한다.
1. 공통서류
　가. 영업허가증, 영업신고증 또는 영업등록증
　나. 영업자 지위 승계를 증명할 수 있는 다음의 서류
　1) 양도의 경우: 양도·양수를 증명할 수 있는 서류 사본
　2) 상속의 경우: 상속인임을 증명하는 서류
　3) 법인 영업자의 경우: 이사회결의서나 주주총회결의서 사본 등
　4) 그 밖에 해당 사유별로 영업자의 지위를 승계하였음을 증명할 수 있는 서류

「속초시 식품위생업소 시설기준 조례」(속초시조례 제563호)

제1조(목적) 이 규칙은 「식품위생관리법 시행령」 제46조에 따른 업종별 시설기준의 특례 등에 관한 사항을 정하여 식품위생업소의 위생적인 관리 및 지역주민의 시설에 따른 부담을 덜어주고 편의를 도모함을 목적으로 한다.

- 37 -

제3조(적용대상) 업종별 시설기준의 특례에 따른 영업종류별 시설기준은 다음 각 호와 같다.

　1. ~ 3. (생략)

　4. 유흥주점영업의 시설기준은 [별표 1]과 같다.

　[별표 1] (생략)

「속초시 영업허가신청등 수수료 조례」(속초시조례 제100호)

제3조(수수료) 「식품위생관리법」 제92조에 따른 영업허가신청 등의 수수료는 다음 각 호와 같다.

　1. ~ 2. (생략)

　3. 영업자 지위승계 신고: 9,500원

「영업허가 등에 관한 업무처리지침」(속초시규칙 제103호)

제1조(목적) 이 지침은 「식품위생관리법 시행령」 제23조 및 「식품위생관리법 시행규칙」 제48조에 따라 영업허가, 영업자 지위승계를 신청한 업소가 제출한 자료에 대하여 심사업무 등을 진행하기 위한 절차 등에 관한 사항을 규정함을 목적으로 한다.

제5조(업무처리 기준) ① 영업자 지위승계 신고에 대한 수리업무를 처리함에 있어서는 영업양도의 유효성 등을 민원인이 제출한 관련 서류를 통해 확인하고 적정하게 업무를 처리하여야 한다.

② 법인 영업자의 경우에는 주주총회결의서를 확인하고 적정하게 업무를 처리하여야 한다.

③ 민원인이 제출한 서류의 진위 여부에 대해 합리적인 의심이 있는 경우에는 보완요구를 하여야 한다. 다만, 사소한 수정사항이나 오타·오기 등 즉시 수정이 가능한 경우에 한하여는 별도의 보완요구가 없이도 수정 보완할 수 있다.

「상법」

제374조(영업양도, 양수, 임대 등) ① 회사가 다음 각 호의 어느 하나에 해당하는 행위를 할 때에는 제434조에 따른 결의가 있어야 한다.

　1. 영업의 전부 또는 중요한 일부의 양도

제374조의3(간이영업양도, 양수, 임대 등) ① 제374조제1항 각 호의 어느 하나에 해당하는 행위를 하는 회사의 총주주의 동의가 있거나 그 회사의 발행주식총수의 100분의 90 이상을 해당 행위의 상대방이 소유하고 있는 경우에는 그 회사의 주주총회의 승인은 이를 이사회의 승인으로 갈음할 수 있다.

제434조(정관변경의 특별결의) 제433조제1항의 결의는 출석한 주주의 의결권의 3분의 2 이상의 수와 발행주식총수의 3분의 1 이상의 수로써 하여야 한다.

「소송촉진 등에 관한 특례법」

제3조(법정이율) ① 금전채무의 전부 또는 일부의 이행을 명하는 판결(심판을 포함한다. 이하 같다)을 선고할 경우, 금전채무 불이행으로 인한 손해배상액 산정의 기준이 되는 법정이율은 그 금전채무의 이행을 구하는 소장 또는 이에 준하는 서면이 채무자에게 송달된 날의 다음 날부터는 연 100분의 40 이내의 범위에서 「은행법」에 따른 은행이 적용하는 연체금리 등 경제 여건을 고려하여 대통령령으로 정하는 이율에 따른다. 다만, 「민사소송법」 제251조에 규정된 소에 해당하는 경우에는 그러하지 아니하다.

「소송촉진 등에 관한 특례법 제3조제1항 본문의 법정이율에 관한 규정」(대통령령 제29768호)

「소송촉진 등에 관한 특례법」 제3조제1항 본문에서 "대통령령으로 정하는 이율"이란 연 100분의 12를 말한다.

「아동 성보호법」(2023. 12. 4. 법률 제25632호로 개정된 것)

제1조(목적) 이 법은 아동 성범죄의 처벌과 절차에 관한 특례를 규정하고 피해아동을 위한 구제 및 지원 절차를 마련하며 아동 성범죄자를 체계적으로 관리함으로써 아동을 성범죄로부터 보호하고 아동이 건강한 사회구성원으로 성장할 수 있도록 함을 목적으로 한다.

제2조(정의) 이 법에서 사용하는 용어의 뜻은 다음과 같다.

1. ~ 4. (생략)

5. "아동이용음란물"이란 아동 또는 아동으로 명백하게 인식될 수 있는 사람이나 표현물이 등장한 음란물을 말한다.

6. ~ 7. (생략)

8. "온라인서비스제공자"란 다른 사람들이 정보통신망을 통하여 온라인 자료를 이용할 수 있도록 서비스를 제공하는 자를 말한다.

제25조(온라인서비스제공자의 의무) 자신이 관리하는 정보통신망에서 아동이용음란물을 발견하기 위한 조치를 취하지 않거나 발견된 아동이용음란물의 즉시 삭제, 전송 방지 및 중단하는 기술적인 조치를 취하지 아니한 온라인서비스제공자는 3년 이하의 징역 또는 2천만원 이하의 벌금에 처한다.

부칙(법률 제25632호, 2023. 12. 4.)
제1조(시행일) 이 법은 공포 후 3개월이 경과한 날부터 시행한다.

「각급 법원의 설치와 관할구역에 관한 법률」

제1조(목적) 이 법은 「법원조직법」 제3조제3항에 따라 각급 법원의 설치와 관할구역을 정함을 목적으로 한다.

제4조(관할구역) 각급 법원의 관할구역은 다음 각 호의 구분에 따라 정한다. (단서 생략)

1. 각 고등법원·지방법원과 그 지원의 관할구역: 별표 3

2. ~ 3. (생략)

4. 행정법원의 관할구역: 별표 6

5. ~ 6. (생략)

7. 행정사건을 심판하는 춘천지방법원 및 춘천지방법원 강릉지원의 관할구역: 별표 9

8. (생략)

[별표 3]

고등법원·지방법원과 그 지원의 관할구역

고등 법원	지방 법원	지원	관할구역
서울	서울 중앙		서울특별시 종로구·중구·강남구·서초구·관악구·동작구
	서울 동부		서울특별시 성동구·광진구·강동구·송파구
	서울 남부		서울특별시 영등포구·강서구·양천구·구로구·금천구
	서울 북부		서울특별시 동대문구·중랑구·성북구·도봉구·강북구·노원구
	서울 서부		서울특별시 서대문구·마포구·은평구·용산구
	의정부		의정부시·동두천시·양주시·연천군·포천시, 강원도 철원군. 다만, 소년보호사건은 앞의 시·군 외에 고양시·파주시·남양주시·구리시·가평군
		고 양	고양시·파주시
		남양주	남양주시·구리시·가평군
	인천		인천광역시
		부천	부천시·김포시
	춘천		춘천시·화천군·양구군·인제군·홍천군. 다만, 소년보호사건은 철원군을 제외한 강원도
		강릉	강릉시·동해시·삼척시
		원주	원주시·횡성군
		속초	속초시·양양군·고성군
		영월	태백시·영월군·정선군·평창군
대전	대전		대전광역시·세종특별자치시·금산군
		홍성	보령시·홍성군·예산군·서천군
		공주	공주시·청양군
		논산	논산시·계룡시·부여군
		서산	서산시·당진시·태안군
		천안	천안시·아산시

- 41 -

대전	청주		청주시 · 진천군 · 보은군 · 괴산군 · 증평군. 다만, 소년보호사건은 충청북도
		충주	충주시 · 음성군
		제천	제천시 · 단양군
		영동	영동군 · 옥천군
대구	대구		대구광역시 중구 · 동구 · 남구 · 북구 · 수성구, 영천시 · 경산시 · 칠곡군 · 청도군
		서부	대구광역시 서구 · 달서구 · 달성군, 성주군 · 고령군
		안동	안동시 · 영주시 · 봉화군
		경주	경주시
		포항	포항시 · 울릉군
		김천	김천시 · 구미시
		상주	상주시 · 문경시 · 예천군
		의성	의성군 · 군위군 · 청송군
		영덕	영덕군 · 영양군 · 울진군
부산	부산		부산광역시 중구 · 동구 · 영도구 · 부산진구 · 동래구 · 연제구 · 금정구
		동부	부산광역시 해운대구 · 남구 · 수영구 · 기장군
		서부	부산광역시 서구 · 북구 · 사상구 · 사하구 · 강서구
	울산		울산광역시 · 양산시
	창원		창원시 의창구 · 성산구 · 진해구, 김해시. 다만, 소년보호사건은 양산시를 제외한 경상남도
		마산	창원시 마산합포구 · 마산회원구, 함안군 · 의령군
		통영	통영시 · 거제시 · 고성군
		밀양	밀양시 · 창녕군
		거창	거창군 · 함양군 · 합천군
		진주	진주시 · 사천시 · 남해군 · 하동군 · 산청군

광주	광주		광주광역시 · 나주시 · 화순군 · 장성군 · 담양군 · 곡성군 · 영광군
		목포	목포시 · 무안군 · 신안군 · 함평군 · 영암군
		장흥	장흥군 · 강진군
		순천	순천시 · 여수시 · 광양시 · 구례군 · 고흥군 · 보성군
		해남	해남군 · 완도군 · 진도군
	전주		전주시 · 김제시 · 완주군 · 임실군 · 진안군 · 무주군. 다만, 소년보호사건은 전라북도
		군산	군산시 · 익산시
		정읍	정읍시 · 부안군 · 고창군
		남원	남원시 · 장수군 · 순창군
	제주		제주시 · 서귀포시
수원	수원		수원시 · 오산시 · 용인시 · 화성시. 다만, 소년보호사건은 앞의 시 외에 성남시 · 하남시 · 평택시 · 이천시 · 안산시 · 광명시 · 시흥시 · 안성시 · 광주시 · 안양시 · 과천시 · 의왕시 · 군포시 · 여주시 · 양평군
		성남	성남시 · 하남시 · 광주시
		여주	이천시 · 여주시 · 양평군
		평택	평택시 · 안성시
		안산	안산시 · 광명시 · 시흥시
		안양	안양시 · 과천시 · 의왕시 · 군포시

[별표 6]

행정법원의 관할구역

고등법원	행정법원	관할구역
서울	서울	서울특별시

- 43 -

[별표 9]

행정사건을 심판하는 춘천지방법원 및 춘천지방법원 강릉지원의 관할구역

명 칭	관 할 구 역
춘천지방법원	춘천지방법원의 관할구역 중 강릉시 · 동해시 · 삼척시 · 속초시 · 양양군 · 고성군을 제외한 지역
춘천지방법원 강릉지원	강릉시 · 동해시 · 삼척시 · 속초시 · 양양군 · 고성군

참고자료 - 달력

■ 2023년 1월 ~ 2024년 3월

2023년 1월

일	월	화	수	목	금	토
1	2	3	4	5	6	7
8	9	10	11	12	13	14
15	16	17	18	19	20	21
22	23	24	25	26	27	28
29	30	31				

2023년 2월

일	월	화	수	목	금	토
			1	2	3	4
5	6	7	8	9	10	11
12	13	14	15	16	17	18
19	20	21	22	23	24	25
26	27	28				

2023년 3월

일	월	화	수	목	금	토
			1	2	3	4
5	6	7	8	9	10	11
12	13	14	15	16	17	18
19	20	21	22	23	24	25
26	27	28	29	30	31	

2023년 4월

일	월	화	수	목	금	토
						1
2	3	4	5	6	7	8
9	10	11	12	13	14	15
16	17	18	19	20	21	22
23/30	24	25	26	27	28	29

2023년 5월

일	월	화	수	목	금	토
	1	2	3	4	5	6
7	8	9	10	11	12	13
14	15	16	17	18	19	20
21	22	23	24	25	26	27
28	29	30	31			

2023년 6월

일	월	화	수	목	금	토
				1	2	3
4	5	6	7	8	9	10
11	12	13	14	15	16	17
18	19	20	21	22	23	24
25	26	27	28	29	30	

2023년 7월

일	월	화	수	목	금	토
						1
2	3	4	5	6	7	8
9	10	11	12	13	14	15
16	17	18	19	20	21	22
23/30	24/31	25	26	27	28	29

2023년 8월

일	월	화	수	목	금	토
		1	2	3	4	5
6	7	8	9	10	11	12
13	14	15	16	17	18	19
20	21	22	23	24	25	26
27	28	29	30	31		

2023년 9월

일	월	화	수	목	금	토
					1	2
3	4	5	6	7	8	9
10	11	12	13	14	15	16
17	18	19	20	21	22	23
24	25	26	27	28	29	30

2023년 10월

일	월	화	수	목	금	토
1	2	3	4	5	6	7
8	9	10	11	12	13	14
15	16	17	18	19	20	21
22	23	24	25	26	27	28
29	30	31				

2023년 11월

일	월	화	수	목	금	토
			1	2	3	4
5	6	7	8	9	10	11
12	13	14	15	16	17	18
19	20	21	22	23	24	25
26	27	28	29	30		

2023년 12월

일	월	화	수	목	금	토
					1	2
3	4	5	6	7	8	9
10	11	12	13	14	15	16
17	18	19	20	21	22	23
24/31	25	26	27	28	29	30

2024년 1월

일	월	화	수	목	금	토
	1	2	3	4	5	6
7	8	9	10	11	12	13
14	15	16	17	18	19	20
21	22	23	24	25	26	27
28	29	30	31			

2024년 2월

일	월	화	수	목	금	토
				1	2	3
4	5	6	7	8	9	10
11	12	13	14	15	16	17
18	19	20	21	22	23	24
25	26	27	28	29		

2024년 3월

일	월	화	수	목	금	토
					1	2
3	4	5	6	7	8	9
10	11	12	13	14	15	16
17	18	19	20	21	22	23
24/31	25	26	27	28	29	30

확 인 : 법무부 법조인력과장

2024년 제13회 변호사시험 해설

〈소 장〉

청 구 취 지

청 구 원 인

1. 이 사건 처분의 경위 (생략)

2. 이 사건 소의 적법성

　가. 대상적격

　나. 원고적격

　다. 피고적격

　라. 협의의 소의 이익

　마. 관련청구소송의 병합요건

3. 이 사건 처분의 위법성

　가. 하자있는 신고행위를 전제로 한 이 사건 처분의 효력

　　　(1) 이 사건 영업양도행위의 효력

　　　(2) 이 사건 수리 처분의 효력

　　　(3) 소 결

　나. 영업자지위승계 신고 및 그에 대한 수리에 관한 관계 법령의 위반

　　　(1) 영업자지위승계 신고 및 수리에 관한 관계 법령

　　　(2) 위 법령 위반 하자의 정도

　　　(3) 소 결

4. 이 사건 국가배상책임의 성립 및 손해배상의 범위

　가. 국가배상책임의 성립

　　　(1) 국가배상법 제2조에 의한 국가배상청구권의 성립요건

　　　(2) 이 사건 국가배상책임의 주체

　　　　(가) 문제점

　　　　(나) '영업자지위승계 신고 수리업무'의 법적 성질

　　　　(다) 이 사건 국가배상책임자

　나. 손해배상의 범위 (생략)

5. 결 론 (생략)

입 증 방 법 (생략)

첨 부 서 류 (생략)

─── 〈가처분 신청서〉 ───

신 청 취 지

신 청 이 유

1. 본안사건의 개요 (생략)
2. 가처분의 필요성
   가. 본안심판이 부적법하거나 이유 없음이 명백하지 아니할 것
   나. 회복하기 어려운 손해의 예방
   다. 긴급성
   라. 이익형량
3. 결 론 (생략)

첨 부 서 류 (생략)

─── 〈헌법소원심판청구서〉 ───

청 구 취 지

침 해 된 권 리 (생략)

침 해 의 원 인 (생략)

청 구 이 유

1. 사건의 개요 (생략)

2. 적법요건의 구비

　가. 헌법상 보장된 기본권의 침해주장 및 침해가능성

　나. 기본권침해의 법적 관련성

　　　(1) 자기관련성

　　　(2) 현재성

　　　(3) 직접성

　다. 보충성

　라. 청구기간

　마. 변호사강제주의

3. 위헌이라고 해석되는 이유

　가. 명확성원칙의 위배

　　　(1) 명확성원칙의 의의와 판단기준

　　　(2) 이 사건의 경우

　나. 직업의 자유의 침해

　　　(1) 직업의 자유의 제한

　　　(2) 위헌성 심사기준

　　　(3) 과잉금지원칙 위반 여부

　　　　　(가) 목적의 정당성 및 수단의 적합성

　　　　　(나) 침해의 최소성

　　　　　(다) 법익의 균형성

　　　　　(라) 소 결

　다. 형벌에 관한 책임주의 위배 여부

4. 결 론 (생략)

첨 부 서 류 (생략)

📝 핵심정리

- 제13회 시험은 행정소장의 경우, 무효등 확인과 국가배상 병합 청구를, 헌법소송의 경우, 가처분 신청서와 헌법소원심판청구서 작성에 관한 문제를 출제하였다. 특히 행정소장의 경우는 기존에 출제되던 소송의 유형과 달랐다는 점에서 다수의 수험생들은 실제 시험에 임하면서 상당히 당혹스러웠을 것으로 판단된다. 그러나 공법 기록형은 주어진 기록 안에 모두 정답이 주어져있다는 점에서, 법률상담일지와 내부회의록을 통해 답안 작성만큼은 어렵지 않게 해낼 수 있었을 것이라고 본다. 각 문제별 세부적인 핵심공략은 다음과 같다.

- **제1문인 행정소송의 소장 작성에서는,**

<형식적 기재 부분>

- 원고의 표시는, 원고가 상법상 주식회사인 법인이라는 점에서, 기록에서 주어진 법인등기사항전부증명서를 통해 본점 소재지와 대표자인 대표이사의 성명을 특정하여 기재하여 주면 된다. 다만, 이번 기록에서는 법인 등기부 2부가 제시된바, 촉박하게 기록을 검토하다가 변경 전 등기부를 보고 혼동하여 기재하지 않도록 주의하면 된다.

- 피고의 표시는, 이 사건 소장을 통해 무효 등 확인과 국가배상을 병합청구한다는 점에서, 당연히 복수의 피고가 설정될 수밖에 없다는 점에서, 각 청구에 상응하는 피고를 순서대로 잘 기재해주면 된다. 무효 등 확인 청구에 있어서는 무효 등 확인 청구의 대상이 되는 이 사건 영업자지위승계신고 수리 처분의 명의자인 속초시장을 피고로 기재한다. 다음 순서로, 국가배상은 국가 또는 지방자치단체에 대하여 하는 것이므로, 대한민국과 속초시를 각각 피고로 기재하면 된다. 특히 대한민국의 경우에는 '법률상 대표자 법무부장관 이민서'를, 속초시의 경우에는 '대표자 속초시장 김재준'을 각각 병기하여 주어야 한다.

- 사건명 부분은, '~등 청구의 소'를 기재하면 되는 간단한 문제이다. 특히 앞서 말하였듯이, 이 사건 청구는 무효 등 확인과 국가배상을 병합한 것이고, 행정소송법 제10조에 비추어 볼 때, 행정소송에 관련청구소송을 병합하는 것이므로, '영업자지위승계신고 수리 처분 무효확인 등 청구의 소'로 기재하면 된다.

- 청구취지 부분에서는, 원고가 희망하는 대로 이 사건 수리 처분의 무효에 대한 것과 국가배상에 관한 것을 함께 기재할 수 있도록 하여야 한다. 다만, 각 청구취지에서 그 피고가 상이한바, 피고 ○○○○으로 특정하여 청구취지를 작성한다.

  특히 국가배상 청구취지와 관련하여, 기록에서는 일실수익에 대하여만 배상청구한다고 하며, 청구하고자 하는 배상금액을 500만 원으로 특정하였으며, 나아가 2023. 3. 15.부터 발생하는 지연손해금만 청구하겠다고 밝혔다는 점, 대한민국은 사무귀속주체로서, 속초시는 비용부담자로서 각각 배상책임 주체가 된다는 점에서, 피고 대한민국과 피고 속초시는 공동하여 원고에게 500만 원 및 이에 대한 지연이자 상당을 지급하라는 방향으로 작성하면 된다. 다만, 지연이자 부분에서는 2023. 3. 15.부터 이 사건 소장 부본 송달일까지는 법정이율인 연 5%의, 그 다음 날부터 다 갚는 날까지는 소송촉진 등에 관한 법률에서 정한 법정이율인 연 12%의 각 비율로 계산한 돈을 지급할 것을 청구하면 된다. 이후 소송비용은 피고들이 부담한다는 항을 기재하며, 제2항(국가배상 청구 부분)은 금전지급의 청구라는 점에서 '제2항은 가집행할 수 있다.'라는 부분도 누락하지 않도록 주의한다.

- 관할법원의 경우, 행정소송법 제10조를 고려하여, 행정소송의 피고 소재지 관할 법원을 기재하면 된다. 게다가 문제에서는 행정소송법 제9조 제1항에 따른 법원을 기재할 것을 요구하고 있으므로, 결국 속초시를 관할하는 지방법원인 '춘천지방법원 강릉지원'을 기재토록 한다.

<적법요건 부분>

- 문제에서는 소의 적법요건 중 '대상적격', '원고적격', '피고적격', '협의의 소의 이익', '관련청구소송의 병합요건'에 대하여만 논하도록 주문하고 있다. 이 중 대상적격, 원고적격, 피고적격, 협의의 소의 이익은 이 사건 무효 등 확인 청구 부분이라고 할 수 있다. 따라서 해당 적법요건 충족 여부는 '이 사건 수리 처분'을 중심으로 기재해주면 된다.
- 대상적격은, 이 사건 수리 처분의 처분성 유무를 논하기 위하여, 우선 그 전제가 되는 이 사건 신고의 법적 성질을 결정하여야 한다. 이 사건 지위승계 신고가 자기완결적 신고인지, 아니면 수리를 요하는 신고인지를 먼저 판단하여야 이 사건 수리 통보가 처분인지 아니면 단순히 사실상 통지에 불과한 것인지 결정되기 때문이다.
- 다음으로 원고적격에 있어서는, 법률상 이익이 있는지를 중심으로 판단하면 되는데, 이는 지위승계 신고의 수리가 양수인에게 뿐만 아니라, 양도인(종전 영업자)에게도 법적 효과를 발생시키는 복효적 행정행위라는 것만 인지하고 있다면 어렵지 않게 해결할 수 있다.
- 피고적격은 행정소송법 제13조의 규정에 비추어, 이 사건 수리 처분의 명의자에게 있으므로, 수리 통보서를 확인하여 그 명의자를 피고로 특정하면 된다.
- 협의의 소의 이익은 결국 '무효 등 확인소송에 민사소송에서와 같이 즉시확정의 이익이 요구되는지', '원고가 이 사건 수리 처분의 무효를 구할 법률상 이익이 있는지'를 중심으로 논해주면 된다.
- 마지막으로, 관련청구소송의 병합요건에 관하여는, 문제에서 각 청구의 소송요건은 구비된 것으로 본다고 조건을 부여하였으므로, 행정소송법 제10조의 관련청구소송의 병합에 관한 규정을 설시한 뒤, 여기에서의 관련청구소송의 의미를 밝히는 판례의 법리를 기재하고, 이 사건에서 관련청구소송으로 병합청구하는 국가배상청구가 위 관련청구소송에 해당함을 주장하면 된다.

<본인판단 부분>

- 내부회의록에 비추어 볼 때, 이 사건 행정소송 본안에서 주장하여야 할 부분은, 먼저 무효 등 확인 청구와 관련하여서는, '하자있는 신고행위를 전제로 한 이 사건 수리 처분의 효력이 없다.'는 점, '영업자지위승계에 관한 관계 법령을 위반하여 이 사건 수리 처분이 효력이 없다.'는 점을 주장하면 된다. 특히 빈출되던 취소소송의 본안 판단에 있어서는 재량권의 일탈 남용에 해당하여 위법하므로 취소를 구한다는 점에서 대상처분이 기속행위인지, 아니면 재량행위인지를 논해주었다고 하지만, 무효 등 확인을 구하는 이 사건 소장에서 구태여 이 사건 수리 처분이 재량행위인지, 기속행위인지를 논해줄 실익은 없다고 생각한다.
- 신고행위가 당연무효인 경우에, 그 신고를 전제로 한 처분의 효력도 당연무효라는 법리를 통해, 이 사건 신고행위가 왜 당연무효인지를 중점적으로 논해주어야 한다. 이를 위해 결국 이 사건 영업양도 행위의 효력을 검토하여야 하는데, 이는 관련한 상법상 규정을 통해, 적법한 영업양도가 아니였음을 주된 논거로 삼으면 된다.

- 그리고 영업자지위승계 관계 법령에 따르면 양도·양수를 증명할 수 있는 서류 사본과 이사회 결의서나 주주총회 결의서 사본 등을 첨부하여 제출하여야 한다는 점, 이 사건 속초시규칙에 따른 업무처리 기준 등에 비추어, 이 사건 수리 처분의 하자가 법규의 중요한 부분을 위반한 것으로 객관적으로도 명백한 하자에 해당한다는 것으로 포섭하여 결국 이 사건 수리 처분은 무효라는 점을 주장하면 된다.
- 마지막으로 국가배상 청구 부분에 있어서는, 국가배상책임의 성립과 관련하여, 성립요건 및 각 요건 충족여부에 대해 간략하게나마 기재한 뒤, 이 사건 국가배상책임의 주체를 중점적으로 논하여야 한다. 특히 내부회의록에서의 "본안에서 배상책임이 성립할 수 있나요? 영업자지위승계신고 수리업무가 국가사무인지 자치사무인지 구별해서 배상책임의 주체를 확정할 필요가 있겠네요."라는 부분을 통해 해당 부분에서 주로 기재되어야 할 논의가 위와 같다는 것을 어렵지 않게 파악할 수 있다. 그렇다면, 특히 국가배상책임의 주체를 논하는 부분에 보다 힘주어야 할 것인데, 소장은 의뢰인에게 가장 유리한 방향으로 작성되어야 한다는 점에서, 가급적 국가배상책임의 주체를 확장시켜 줄 필요가 있다. 이 상황에서 국가배상책임 주체를 가장 넓게 확장할 수 있는 방향은, 이 사건 수리 업무를 국가 사무로 보아 대한민국을 사무귀속주체로, 그리고 기관위임사무로 이를 위임받아 처리한 속초시를 공무원 봉급 등을 지급하는 비용부담자로 보아 모두에게 국가배상청구를 하는 것이라고 할 것이다. 따라서 이 사건 수리 업무를 국가사무로 포섭하는 방향으로 쓰는 것이 바람직하다고 생각한다.

■ 제2문인 가처분신청서 작성에서는,
- 15점 배점으로 신청취지와 신청이유 중 가처분의 필요성에 관한 부분만 작성할 것을 요하므로, 각 내용을 간단하게 기재해주면 충분하다.
- 특히 신청취지에서 주의할 것은, 효력정지를 요하는 대상을 분명하게 특정하면서, 그 효력의 정지를 구하는 종기를 명확하게 기재해주어야 한다는 것이다.
- 다음으로, 가처분의 필요성과 관련하여서는, 실체적 요건이라고 할 수 있는, '본안심판이 부적법하거나 이유 없음이 명백하지 아니할 것', '회복하기 어려운 손해의 예방', '긴급성', '이익형량' 요건 충족 여부를 중심으로 작성해주면 된다.

■ 제3문인 헌법소원심판청구서 작성에 있어서는,

<형식적 기재사항 작성 부분>
- 형식적 기재사항으로 유일하게 그 작성을 요구하고 있는 부분은 청구취지밖에 없는데, 앞서 가처분신청 서 신청취지를 기재함에 있어 특정한 대상을 헌법소원 청구취지에도 그대로 기재하면서 그 종결 어미만 '헌법에 위반된다.'로 바꾸면 된다. 그리고 '~라는 결정을 구합니다.'를 반드시 기재해주어야 한다.

<적법요건 부분>
- 문제에서 적법요건과 관련하여서는, "청구인능력, 공권력행사성, 권리보호이익은 기재하지 말 것"이 라고 분명하게 조건을 부여하였으므로, 수험생으로서는 위 요건을 제외한 나머지 권리구제형 헌법소 원의 적법요건 모두에 대하여 그 충족 여부를 검토하여 기재하였어야만 한다.
따라서, '헌법상 보장된 기본권의 침해주장 및 침해가능성', '기본권침해의 법적 관련성', '보충성', '청구기간', '변호사강제주의' 각 요건을 답안에 기재토록 한다.

<본안판단 부분>

- 본안판단과 관련하여서는, 문제되는 부분에서는 어떠한 쟁점으로 다툴 것인지 등과 관련하여 내부회의록 등에 암시하고 있으므로, 이러한 지시사항을 놓쳐서는 아니 된다. 내부회의록에서는, 심판대상조항이 명확성 원칙에 위배되는지, 청구인의 기본권을 과잉금지원칙을 위반하여 침해하는지를 중심으로 판단토록 요구하고 있다.

- 한편, 내부회의록에서의 "온라인서비스제공자는 정보 유통의 매개자에 불과한데 아동이용음란물 유통에 적극적으로 관여하거나 이를 조장하지 않은 경우에도 일률적으로 형벌로 처벌하는 것은 지나친 것으로 보입니다."라는 부분을 통해, 이를 기본권침해에 있어서 과잉금지원칙 심사 중 침해의 최소성 부분의 판단 논거로 활용할 수도 있지만, 온라인서비스제공자의 귀책사유가 없는 행위에 대하여도 형벌을 부과한다는 점으로 파악하여, 심판대상조항이 형벌에 관한 책임주의 원칙에 위배된다는 논거도 부가적으로 논의할만 하다고 할 것이다.

- 참고로 일부 수험생들 사이에서는 심판대상조항이 부진정소급입법에 해당하고, 신뢰보호원칙에도 위배된다는 부분이 논점이라고 논의되고 있으나, 심판대상조항은 사후에 제정된 법률이 소급적으로 적용되는 경우가 아니고, 장래에 향하여 적용을 예정하고 있는 것이므로 심판대상조항 자체가 소급입법에 해당한다고 볼 수 없을 뿐만 아니라, 온라인서비스제공자인 청구인에게 아동이용음란물 유포 및 배포에 관한 조치의무를 부과하지 않을 것이라는데 헌법상 보호할만한 신뢰가 있다고 인정하기도 어려울 것이라는 점에서, 이에 관한 주장은 의미가 없을 것으로 판단된다.

[제1문] 50점

소 장

원 고 ㈜오션 ·· **1**

속초시 대포로 15(대포빌딩 2층)

대표이사 김 정 석

피 고 1. 속초시장 ·· **2**

2. 대한민국

법률상 대표자 법무부장관 이 민 서

3. 속초시

대표자 속초시장 김 재 준

(주소 · 연락처 등 생략)

사 건 명 영업자지위승계신고 수리 처분 무효확인 등 청구의 소 ············· **3**

청 구 취 지 ··· **4**

1. 피고 속초시장이 2022. 12. 29. 소외 나양도에 대하여 한 식품영업자 지위승계 신고 수리 처분은 무효임을 확인한다.

2. 피고 대한민국과 속초시는 공동하여 원고에게 5,000,000원 및 이에 대한 2023. 3. 15.부터❶ 이 사건 소장 부본 송달일까지는 연 5%의, 그 다음날부터 다 갚는 날까지는 연 12%의 각 비율로 계산한 돈을 지급하라.

3. 소송비용은 피고가 부담한다.

4. 제2항은 가집행할 수 있다.

라는 판결을 구합니다.

---

❶ 불법행위의 경우, 지연이자의 기산일은 불법행위 당일부터이나, 내부회의록 Ⅰ (기록 12면)에서는 "… 2023. 3. 15.부터 발생하는 지연손해금만 청구하려고 합니다."라고 하므로, 국가배상청구 부분의 취지에서 지연이자 부분에 대한 청구는 위와 같이 기재하면 될 것이다.

청 구 원 인

1. 이 사건 처분의 경위 (생략)

2. 이 사건 소의 적법성 ❷ ·· 🔢

가. 대상적격

취소소송의 대상에 관한 행정소송법 제19조는 무효등 확인소송에도 준용됩니다(행정소송법 제38조 제1항). 따라서 무효등 확인소송도 '처분 등'을 대상으로 하며, 여기에서의 '처분 등'이라 함은 행정청이 행하는 구체적 사실에 관한 법집행으로서의 공권력의 행사 또는 그 거부와 그 밖에 이에 준하는 행정작용 및 행정심판에 대한 재결을 말합니다(행정소송법 제2조 제1항 제1호).

한편, 속초시장이 2022. 12. 29. 나양도에 대하여 한 식품영업자 지위승계 신고 수리가 처분 등에 해당하는지와 관련하여, 이 사건 지위승계 신고가 자기완결적 신고인지, 아니면 수리를 요하는 신고인지가 문제됩니다.

영업자 지위승계 신고의 경우, 식품위생관리법 제39조 제2항에서는 단순히 "그 영업자의 지위를 승계한 자는 … 그 사실을 신고하여야 한다."라고만 규정하고, 같은 법 시행규칙 제48조 제1항에서는 영업양도의 경우, "신고서에 양도·양수를 증명할 수 있는 서류 사본"을, 법인 영업자의 경우, "이사회결의서나 주주총회결의서 사본 등"을 첨부하여 허가관청 등에 제출해야 한다고만 규정하여 관련 법규정에 비추어 볼 때, 이 사건 신고의 법적 성질을 판단하기 모호합니다.

그러나 ① 영업허가의 경우, 허가관청이 해당 영업 시설이 식품위생관리법 제36조에 따른 시설기준에 부합하는지를 실질적인 심사를 거치도록 예정하고 있다는 점, ② 영업자 지위승계 신고는 영업을 양수받은 자로 하여금 해당 영업을 영위토록 한다는 점에서 영업허가의 경우와 달리 볼 필요가 없다는 점, ③ 영업허가 등에 관한 업무처리지침(속초시규칙 제103호)(이하 '이 사건 속초시규칙'이라 합니다)❸ 제5조에 의하면, 제출된 서류의 진위 여부 등 이에 대한 실질적 심사를 통해 수리 여부를 결정토록 하고 있다는 점에 비추어 볼 때, 이 사건 신고는 행정청의 수리를 요하는 신고에 해당한다고 보아야 합니다.

따라서 이 사건 신고의 효력은 속초시장이 수리하여야 효력이 발생하므로(행정기본법 제34조 참조), 이 사건 수리는 준법률행위적 행정행위로서 항고소송의 대상이 되는 처분에 해당합니다(대판 2012.1.12. 2011도6561; 대판 2012.12.13. 2011두29144 참조).

---

❷ 내부회의록 I 에서는 "국가배상청구 부분은 소송요건에는 문제가 없어 보입니다."라고 하고 있으므로(기록 12면), 답안 작성 시 소의 적법요건 부분은 이 사건 수리 처분에 대한 무효 등 확인소송을 중심으로 기재하면 된다(단, 관련청구 병합요건은 반드시 답안에 기재하여야 한다).

❸ 이 사건 속초시규칙은 영업허가 등에 관한 업무처리에 관한 내부사무처리 기준으로서 행정규칙에 해당한다. 한편, 행정규칙은 대내적 구속력을 가지므로, 담당 공무원으로서는 위 규칙에 따라 관련 업무를 처리할 수밖에 없다.

나. 원고적격

무효등 확인소송은 처분 등의 효력 유무 또는 존재 여부의 확인을 구할 법률상 이익이 있는 자가 제기할 수 있는바(행정소송법 제35조), 여기에서의 '법률상의 이익'은 취소소송에서의 법률상 이익과 마찬가지로 당해 처분의 근거 법률에 의하여 보호되는 직접적이고 구체적인 있는 경우를 말하고 간접적이거나 사실적, 경제적 이해관계를 가지는 데 불과한 경우는 여기에 해당하지 않습니다(대판 2001.7.10. 2000두2136).

한편, 이 사건 수리 처분은 나양도에 대하여 이뤄진 것으로 보이나, 영업자 지위승계 신고에 대한 수리는 종전 영업자의 권익을 제한하는 처분으로서, 종전 영업자는 그 처분에 대하여 직접 그 상대가 되는 자에 해당한다고 보는 것이 타당합니다.❹❺

따라서 이 사건 지위승계 신고에 있어 종전 영업자인 원고에게는 이 사건 수리 처분의 무효를 확인할 법률상 이익이 인정됩니다.

다. 피고적격

행정소송법상 무효등 확인소송은 다른 법률에 특별한 규정이 없는 한 그 처분 등을 행한 행정청을 피고로 합니다(제38조 제1항, 제13조).

이 사건 처분은 속초시장 명의로 이뤄졌으며, 이 사건 피고적격과 관련하여, 기타 다른 법률에 특별한 규정이 존재하지 않으므로, 속초시장에게 피고적격이 인정된다고 할 것입니다.

라. 협의의 소의 이익

무효등 확인소송에서는 '행정처분의 근거 법률에 의해 보호되는 직접적이고 구체적인 이익'과 별도로 민사소송에서 요구하는 '즉시확정의 이익(확인소송의 보충성)'은 요구되지 않습니다(대판 2008.3.20. 2007두6342 전합).

이 사건 수리 처분의 효력이 없어지게 될 경우, 종전 영업자인 원고로서는 식품접객업(영업의 형태 : 유흥주점영업)을 계속하여 영위할 수 있으며, 이 사건 수리 처분이 무효임을 확인한 판결이 확정되면, 피고 속초시장으로서는 그 확정판결의 기속력에 의하여 재처분의무를 부담하게 되는바(행정소송법 제 38조 제1항, 제30조 참조), 이 사건 처분의 무효를 전제로 한 이행소송 등과 같은 직접적인 구제수단이 있는 여부를 불문하고, 협의의 소의 이익이 인정된다고 할 것입니다.

게다가 사업양도·양수에 따른 허가관청의 지위승계신고의 수리는 적법한 사업의 양도·양수가 있었음을 전제로 하는 것이므로, 그 수리대상인 사업양도·양수가 무효인 때에는 수리를 하였다 하더라도 그 수리는 유효한 대상이 없는 것으로서 당연히 무효라고 할 것이며, 사업의 양도행위가 무효라고 주장하는 양도자로서는 민사쟁송으로, 양도·양수행위의 무효를 구함이 없이 막바로 허가관청을 상대로 하여 행정소송으로 위 신고수리처분의 무효확인을 구할 법률상 이익이 있습니다(대판 2005.12.23. 2005두3554).

---

❹ 이에 대법원도 행정청이 지위승계신고를 수리하는 처분을 할 때에는 행정절차법 규정에서 정한 '당사자'에 해당하는 '종전 영업자'에 대하여 사전통지 등의 행정절차를 실시하고 처분(지위승계 신고의 수리)을 하여야 한다고 보았다(대판 2012.12.13. 2011두29144 참조).

❺ 설령, 이 사건 수리 처분에 관하여, 원고를 제3자에 해당한다고 보더라도, 이 사건 수리 처분이 무효로 될 경우, 원고로서는 종전과 같이 영업을 영위할 수 있다고 할 것이므로, 모로보나 원고에게는 이 사건 수리 처분의 무효를 구할 법률상 이익이 있다고 판단된다.

마. 관련청구소송의 병합요건

행정소송법은 취소소송에서의 관련청구소송의 병합을 규정하고(제10조 제2항), 무효등 확인소송에도 이를 준용하고 있습니다(제38조 제1항, 제10조).

한편, 무효등 확인소송에 관련청구소송을 (원시적으로) 병합하여 청구하기 위하여는, ① 주된 청구인 행정소송에 관련청구를 병합하여야 하고, ② 각 청구소송이 적법하여야 하며,[6] ③ 관련청구소송이 병합되어야 합니다.

여기에서의 '관련청구소송'이라 함은 ① 당해 처분 등과 관련된 손해배상·부당이득반환·원상회복 등 청구소송과 ② 당해 처분 등과 관련되는 취소소송을 말합니다(행정소송법 제10조 제1항). 그리고 당해 처분 등과 관련된 손해배상·부당이득반환·원상회복 등 청구는 손해배상청구 등의 청구의 내용 또는 발생원인이 행정소송의 대상인 처분 등과 법률상 또는 사실상 공통되거나, 그 처분의 효력이나 존부 유무가 선결문제로 되는 등의 관계 있는 청구를 가리킵니다(대판 2000.10.27. 99두561). 특히 행정처분의 무효판결이나 취소판결이 있어야만 그 행정처분이 위법함을 이유로 한 손해배상청구를 할 수 있는 것은 아니므로(대판 1972.4.28. 72다337 등 참조), 분쟁을 일회적으로 해결하려는 병합청구소송의 취지를 고려할 때, 이 사건 수리 처분의 무효의 확인을 구하면서, 이 사건 수리 처분의 무효를 선결문제로 하는 이 사건 국가배상청구를 병합하여 제기하는 것은 관련청구소송의 병합요건을 충족한 것이라고 할 것입니다.

3. 이 사건 처분의 위법성 .... [6]

가. 하자있는 신고행위를 전제로 한 이 사건 처분의 효력

(1) 이 사건 영업양도행위의 효력

상법상 주식회사인 원고가 유일한 영업인 유흥주점영업을 전부 양도하기 위해서는, 상법 제434조에 따른 주주총회의 특별결의가 있어야 합니다(상법 제374조 제1항 제1호). 다만, 회사의 총주주의 동의가 있거나 그 회사의 발행주식총수의 100분의 90 이상을 영업 양수인이 소유하고 있는 경우에는 주주총회의 승인을 이사회의 승인으로 갈음할 수 있습니다(상법 제374조의3 제1항).

한편, 원고의 주주는 나양도(100,000주), 이허수(490,000주), 홍수래(200,000주), 정정해(210,000주), 총 4인으로 구성되어 있으나,[7] 이허수, 홍수래, 정정해는 이 사건 영업양도에 대하여 동의한 사실이 없으며, 이 사건 영업양도의 상대방인 나양도는 발행주식총수의 100분의 10에 불과한 주식만을 소유하고 있으므로, 이 사건 영업양도가 유효하기 위해서는 상법 374조 제1항에 따라, 주주총회에서 출석한 주주의 의결권의 3분의 2 이상의 수와 발행주식총수의 3분의 1 이상의 수로써 결의하여야 합니다.

그런데 "상법 제374조 제1항 제1호가 강행규정이므로, 주식회사가 주주총회의 특별결의 없이 영업의 전부 또는 중요한 일부를 양도하면 그와 같은 양도계약은 무효임에도 불구하고", 당시 원고 회사의 대표이사였던 나양도는 위와 같은 주주총회의 특별결의도 없이 마치 주주총회를 거친 것처럼 영

---

[6] 이와 관련하여, 문제에서 '단, 병합요건 중 각 청구의 소송요건은 구비된 것으로 봄'이라고 조건을 부여하고 있으므로, 이 요건에 관하여 답안에 구태여 기재할 필요는 없다고 본다.

[7] 원고 회사 등기사항전부증명서 '발행주식의 총수'를 보면, 총 1,000,000주로 기재되어 있고, 각 주주의 소유 주식수를 모두 합하면, 1,000,000주이므로, 결국 위 4인이 원고 회사의 총주주임을 확인할 수 있다.

업양도계약서와 임시주주총회 의사록을 위조하여 영업양도가 적법하게 이루어진 것처럼 가장하였습니다.

그렇다면, 결국 이 사건 영업양도계약의 효력은 없다고 할 것입니다.

(2) 이 사건 수리 처분의 효력

사업양도·양수에 따른 허가관청의 지위승계 신고의 수리는 적법한 사업의 양도·양수가 있었음을 전제로 하는 것이므로, 앞서 살펴보았듯이, 이 사건 영업양도행위가 무효인 경우, 허가관청이 수리를 하였다고 하더라도 그 수리는 유효한 대상이 없는 것으로 당연히 무효라고 할 것입니다(대판 2005.12.23. 2005두3554 참조).

(3) 소 결

따라서 무효인 영업양도·양수를 전제로 한 이 사건 수리 처분은 당연히 무효에 해당합니다.

나. 영업자지위승계 신고 및 그에 대한 수리에 관한 관계 법령의 위반

(1) 영업자지위승계 신고 및 수리에 관한 관계 법령

이 사건과 같이 법인 영업자가 그 영업를 양도한 경우라면, 식품위생관리법 시행규칙 제48조 제1항에 따라, 영업자 지위승계 신고서에 영업허가증 등(제1호 가목), 양도·양수를 증명할 수 있는 서류 사본(제1호 나목 1))과 이사회결의서나 주주총회결의서 사본 등(제1호 나목 3))을 첨부하여 제출하여야 합니다.

그리고 위 지위승계 신고 수리 업무를 담당하는 공무원으로서는 이 사건 속초시규칙 제5조에 따른 업무처리 기준을 준수하여야만 합니다. 즉, 피고 속초시 소속의 담당 공무원인 손해국으로서는 나양도가 제출한 서류를 확인하여 영업양도가 유효한지를 확인하였어야 하며, 서류의 진위 여부에 대해 합리적 의심이 드는 경우에 그 보완을 요구하였어야 합니다.

그러나 나양도가 제출한 ① 임시주주총회회의록의 날짜가 영업양도계약일 다음 날인 2022. 12. 17.로 기재되어 있다는 점, ② 임시주주총회회의록에 날인된 각 주주의 인영은 인감증명서에 날인된 인감도장이 아니라는 점, 더군다나 ③ 첨부된 인감증명서는 회사 명의로 대출을 받기 위해 발급받은 것이라는 점, ④ 인감증명서의 유효기간은 증명일로부터 3개월간임에도 이 사건 신고일인 2022. 12. 16. 기준으로 위 인감증명서를 발급받은 지 1년도 훨씬 경과하였다는 점, ⑤ 이 사건 영업양도양수계약서에 따르면 양도인이 유일하게 운영하는 유흥주점영업을 양수인에게 무상으로 양도한다고 기재되어 있다는 점 등에 비추어 볼 때, 손해국은 나양도가 제출한 서류들이 위조되었다는 것을 육안으로도 쉽게 알 수 있어 그 서류의 진위 여부에 대해 합리적 의심을 가질 수 있었음에도 불구하고 그 보완을 요구하지 않은 채 이 사건 수리 처분을 하였습니다.

따라서 이 사건 수리 처분에는 이 사건 속초시규칙 제5조를 위반한 하자가 존재한다고 할 것입니다.

(2) 위 법령 위반 하자의 정도

하자 있는 행정처분이 당연무효가 되기 위하여는 그 하자가 법규의 중요한 부분을 위반한 중대한 것으로서 객관적으로 명백한 것이어야 하는바(대판 1995.7.11. 94누4615 전합 참조), 영업양도에 관한 사항은 영업자지위승계 신고에 대한 수리 여부를 결정하기 위한 전제이고, 이에 그 영업양도 사실에 관한 영업양도양수계약서 및 법인 영업자인 경우의 주주총회의사록 등의 진위 여부에 대하여 담당 공무원에게 상당한 주의의무를 부과하고 있음에도 이를 위반한 하자는, 이 사건 속초시규칙 제5조의 중요한 부분을 위반한 중대한 것으로서 객관적으로도 명백하므로, 무효에 해당한다고 할 것입니다.

(3) 소 결

따라서 이 사건 수리 처분은 당연무효입니다.

4. 이 사건 국가배상책임의 성립 및 손해배상의 범위 ························· 7

가. 국가배상책임의 성립

(1) 국가배상법 제2조에 의한 국가배상청구권의 성립요건

국가배상청구권이 성립하려면, ① 공무원이 ② 직무를 집행하면서 ③ 고의 또는 과실로 ④ 법령을 위반하여 ⑤ 타인에게 손해를 입혔고, ⑥ 가해행위와 타인의 손해 사이에 인과관계(상당인과관계)가 인정되어야 합니다(국가배상법 제2조 제1항).

이 사건의 경우, ① 속초시청 소속의 공무원인 손해국이 ② 그 직무인 영업자지위승계 신고 수리 업무를 수행하는 과정에 ③ 나양도가 제출한 주주총회 의사록 등이 위조 되었다는 것을 육안으로도 쉽게 알 수 있었음에도 불구하고 ④ 영업허가 등에 관한 업무처리지침(속초시규칙 제103호) 제5조 제3 항에 위반하여 나양도에 대하여 보완요구를 하지 않은 채로 2022. 12. 29. 식품영업자 지위승계 신고 를 수리하였습니다. 이로인해 ⑤ 원고로서는 유일한 영업이었던 유흥주점영업이 양도됨에 따라 일실 수익 500만 원 상당의 손해를 입게 되었습니다.

그러므로, 원고에게는 이 사건 영업자지위승계신고 수리에 대하여 국가배상청구권을 일응 가진다 고 볼 수 있습니다.

(2) 이 사건 국가배상책임의 주체

(가) 문제점

국가배상법 제6조 제1항에 따르면, 국가나 지방자치단체가 손해를 배상할 책임이 있는 경우에 공 무원의 선임·감독 또는 영조물의 설치·관리를 맡은 자와 공무원의 봉급·급여, 그 밖의 비용 또는 영조물의 설치·관리 비용을 부담하는 자가 동일하지 아니하면 그 비용을 부담하는 자도 손해를 배 상하여야 한다고 규정하고 있는바, 이에 원고에 대한 국가배상책임을 부담하는 주체가 누구인지가 문제된다고 할 것입니다.

이에 먼저, 이 사건 영업자지위승계 신고 수리업무가 국가사무인지(기관위임사무), 아니면 자치사무 인지를 판단해보아야 합니다.

(나) '영업자지위승계 신고 수리업무'의 법적 성질

식품위생관리법 제39조 제2항에서는 영업자의 지위를 승계한 자는 그 사실을 식품의약품안전처장 또는 특별자치시장·특별자치도지사·시장·군수·구청장(이하 '특별자치시장 등'이라 합니다)에게 신고 하여야 한다고 하며, 같은 법 시행령 제23조에서는 영업의 세부 종류에 따라 허가관청을 식품의약품 안전처장과 특별자치시장 등으로 구분하고 있으며, 같은 법 시행규칙 제48조 제1항에서는 영업자 지위승계 신고서 등을 허가관청 등에 제출하여야 한다고 하고 있습니다. 즉, 일정한 경우, 특별자치시 장 등과 같은 지방자치단체의 장에게 영업자지위승계신고 수리업무를 처리토록 하고 있습니다.

이처럼 지방자치단체의 장이 처리하도록 법령에 규정되어 있는 사무가 자치사무인지 아니면 기관 위임사무인지를 판단하기 위하여는 그에 관한 법령의 규정 형식과 취지를 우선 고려하여야 하지만, 그 밖에 그 사무의 성질이 전국적으로 통일적인 처리가 필요한 사무인지, 그에 관한 경비부담과 최종 적인 책임귀속의 주체가 누구인지 등도 함께 고려하여야 할 것입니다(대판 2014.3.13. 2013두15934 참조).

식품위생관리법 등 관계 법령에서는 영업종류별 또는 영업소별로 영업자지위승계신고에 대한 허 가관청 등을 식품의약품안전처장 또는 특별자치시장 등으로 구분하고 있으나, 이는 영업자지위승계 신고 수리사무가 지역적 이익에 관한 것으로서 각 지역적 특색에 따라 다르게 처리될 것을 예정하고 있는 것이라기는 보다는, 대상 영업의 종류와 영업소의 관리 등의 편의성을 고려한 사무분장이라고 봄이 타당할 것입니다.

나아가 지위승계 신고에 대한 절차와 제출이 요구되는 관련 서류, 수리를 위한 요건 등은 그 성질 상 전국적으로 통일되어야 하므로, 결국 영업자지위승계 신고 수리업무는 국가사무(기관위임사무)로서, 각 지방자치단체의 장에게 그 권한이 위임된 것이라고 보아야 합니다.

(다) 이 사건 국가배상책임자

그러므로, 이 사건 영업자지위승계신고 수리업무는 국가사무로서 그 사무귀속주체인 대한민국과, 나양도가 제출한 서류의 진위 여부를 제대로 확인하지 않은 공무원 손해국의 급여를 부담하는 속초 시는 그 비용부담자로서 함께 원고에 대한 국가배상책임을 부담한다고 할 것입니다.❽❾

나. 손해배상의 범위 (생략)

5. 결 론 (생략)

---

❽ 의뢰인을 위하여 가장 이익이 되는 방향으로 소장을 작성하여야 하므로, 가급적 국가배상책임의 주체를 넓게 설정될 수 있도록 작성하 는 것이 바람직하다. 게다가 이번 공법 기록형에서는 구태여 법무부장관의 성명까지 제시해주었으며, 법무부장관은 국가에 대한 국가배 상청구 소송에 있어서 법률상 대표자로 해당 소송을 수행하기 때문에, 영업자지위승계 신고 수리업무를 국가사무(기관위임사무)로 보아 대한민국을 사무귀속주체로서, 공무원 손해국의 봉급을 지급하는 속초시를 비용부담자로서 국가배상책임을 부담하는 주체로 답안을 작성하였다.

❾ 한편, 위 해설과 달리, "가해공무원 개인에게 고의 또는 중과실이 있는 경우에는 국가 등이 국가배상책임을 부담하는 외에 가해공무원도 피해자에 대하여 그로 인한 손해배상책임을 부담하고, 가해공무원 개인에게 경과실만이 인정되는 경우에는 공무원개인은 손해배상책임 을 부담하지 아니한다"라는 법리를 활용하여(대판 1996.2.15. 95다38677 전합), 이 사건에서의 담당공무원 손해국이 "제출서류들이 위조되었다는 것을 육안으로도 쉽게 알 수 있었음에도 그 진위 여부를 확인해야 할 주의의무를 위반한 것"을 고의에 가까운 현저한 주의를 결여한 것(중과실)으로 포섭하여 손해국도 원고에 대하여 배상책임이 인정되는 방향으로 답안을 작성하는 것 역시 고려할 수 있을 것이다.

입 증 방 법 (생략)

첨 부 서 류 (생략)

2024. (생략)

원고 소송대리인 (생략)   (인)

춘천지방법원 강릉지원 귀중 ⬝⬝⬝ **8**

[제2문] 15점

가 처 분 신 청 서

신 청 인   서제공 (주소, 연락처, 대리인 생략)
본안사건   2024헌마16

신 청 취 지 ·· 1

"「아동 성보호법」(2023. 12. 4. 법률 제25632호로 개정된 것) 제25조의 효력은 헌법재판소 2024헌마16 헌법소원심판청구사건의 종국결정 선고 시까지 이를 정지한다."
라는 결정을 구합니다.

신 청 이 유

1. 본안사건의 개요 (생략)

2. 가처분의 필요성 ·· 2

가. 본안심판이 부적법하거나 이유 없음이 명백하지 아니할 것

이 사건 본안심판청구인 2024헌마16 사건의 심판청구서에서 살펴본 바와 같이 본안심판청구는 모든 적법요건을 만족하고 있어 본안심판청구가 부적법한 경우에 해당한다고 볼 수 없습니다.

뿐만 아니라, 아동 성보호법 제25조(이하 '이 사건 법률조항'이라고 합니다)는 청구인과 같은 온라인 서비스 제공자로 하여금, 발견 조치와 삭제 및 전송방지 조치를 새롭게 부과하며, 온라인 서비스 제공자로서는 위와 같은 조치를 이행하기 위하여 금칙어 인식 기술, 대조 인식 기술 등 연구·개발이나 도입을 위해 상당한 시간과 비용을 들여야 하는바, 이에 따른 청구인의 직업의 자유 등을 침해하는 것인지 여부는 본안심판에서 심리를 거쳐 판단될 필요가 있으므로, 이 사건 신청 단계에서 이유 없음이 명백한 경우라고도 볼 수 없습니다.

따라서 이 사건 가처분신청은 본안심판이 부적법하거나 이유 없음이 명백한 경우에 해당되지 않습니다.

나. 회복하기 어려운 손해의 예방

이 사건 법률조항은 이 사건 법률이 공포된 후 3개월이 경과한 2024. 3. 5.부터 시행될 예정인바, 시행예정일까지 약 2달 정도밖에 남지 않은 상황이며, 이 기간 동안 이 사건 법률조항에 따라 새롭게 부과된 의무를 이행하기 위한 조치를 완료할 수 없는 상황입니다.

게다가 이 사건 법률조항에 따른 의무를 준수하지 못한 경우, 3년 이하의 징역 또는 2천만 원 이하의 벌금에 처해지는바, 신청인으로서는 형사처벌을 받게 될 위험성이 농후합니다.

따라서 이 사건 법률조항으로 인하여 신청인으로서는 회복하기 어려운 중대한 손해를 입을 위험이 있습니다.

다. 긴급성

가처분신청은 본안심판결정이 중대한 손실을 방지하기에 적절한 시간 내에 내려질 것을 기대할 수 없을 때에 인용될 수 있습니다. 다시 말하면, 가처분으로 규율하고자 하는 현상이 시간적으로 매우 근접해 있음을 요합니다. 이 사건에서 문제가 된 이 사건 법률조항의 시행일이 2개월 앞으로 임박한 만큼 손해를 방지할 긴급한 필요성도 인정됩니다.

라. 이익형량

가처분결정을 위해서는 가처분신청을 인용하고 후에 본안심판이 기각되었을 때 발생하게 될 불이익과, 가처분신청을 기각하고 후에 본안심판이 인용되었을 때 발생하게 될 불이익을 형량하여 그 불이익이 적은 쪽을 선택하여야 합니다.

이 사건 가처분신청을 인용한 뒤 본안심판의 종국결정에서 청구가 기각되었을 경우, 그 때로부터 이 사건 법률조항이 시행되어 온라인 서비스 제공자에게 그에 따른 의무를 부과하면 되나, 가처분을 기각한 뒤 본안 심판의 종국결정에서 청구가 인용되는 경우라면 신청인의 직업선택의 자유 등 기본권이 이미 침해된 이후에 이를 회복하기는 매우 어렵습니다.

따라서 가처분을 인용한 뒤 종국결정에서 청구가 기각되었을 때 발생하게 될 불이익보다 가처분을 기각한 뒤 청구가 인용되었을 때 발생하게 될 불이익이 더 큽니다.

3. 결 론 (생략)

첨 부 서 류 (생략)

2024. 1. 9.

신청인의 대리인 (생략)　　(인)

헌법재판소 귀중

[제3문] 35점

헌 법 소 원 심 판 청 구 서

청 구 인   서제공(주소, 연락처, 대리인 생략)

청 구 취 지 ┄┄┄┄┄┄┄┄┄┄┄┄┄┄┄┄┄┄┄┄┄┄ **1**

"「아동 성보호법」(2023. 12. 4. 법률 제25632호로 개정된 것) 제25조는 헌법에 위반된다."
라는 결정을 구합니다.

침 해 된 권 리 (생략)

침 해 의 원 인 (생략)

청 구 이 유

1. 사건의 개요 (생략)

2. 적법요건의 구비 ┄┄┄┄┄┄┄┄┄┄┄┄┄┄┄┄┄┄ **2**

가. 헌법상 보장된 기본권의 침해주장 및 침해가능성

  권리구제형 헌법소원심판을 청구하기 위해서는 침해되는 기본권이 있을 것을 전제로 합니다.
  청구인은 이하에서 기재한 바와 같이, 이 사건 법률조항에 의하여 자신의 직업수행의 자유 등의
기본권을 침해받았다고 주장하고 있으므로, 본 요건은 충족하였습니다.

나. 기본권침해의 법적 관련성

(1) 자기관련성

  기본권침해는 심판청구인 자신의 기본권이 침해당한 경우를 말하므로 공권력작용의 직접 상대방
은 원칙적으로 자기관련성이 인정된다고 할 것입니다.
  이 사건 법률조항은 온라인 서비스 제공자를 수범자로 하여 아동이용음란물 발견 조치나, 즉시 삭
제, 전송 방지 및 중단하는 기술적 조치를 취할 의무를 직접적으로 부과하고 있는바, 온라인을 통해
영화, 드라마, 동영상 등 콘텐츠를 제공하는 개인사업자로 이 사건 법률 온라인 서비스 제공자인 청
구인은 이 사건 법률조항의 직접 상대방으로 자기관련성이 인정됩니다.

(2) 현재성

헌법소원심판은 청구인의 기본권이 현재 침해되고 있음을 그 요건으로 하지만, 가까운 장래에 기본권침해가 발생할 것이 현재 시점에서 확실하게 예측된다면, 기본권구제의 실효성을 위하여 현재성의 예외를 인정할 수 있습니다(소위 '상황성숙이론').

이 사건의 경우, 이 사건 법률조항에 따른 청구인의 기본권침해는 이 사건 법률 부칙 제1조에 따라 위 법 공포 후 3개월이 경과한 2024. 3. 5.부터 발생할 예정이므로, 이 사건 심판청구일인 2024. 1. 9.을 기준으로 청구인에 대한 기본권침해는 예정된 장래의 침해에 해당하나, 조만간 이 사건 법률조항에 따른 법적 의무가 강제적으로 부과됨으로써 청구인의 기본권에 대한 침해가 발생할 것이 명백하게 예견 가능하므로, 현재성도 인정된다고 할 것입니다.

(3) 직접성

여기서 말하는 기본권침해의 '직접성'이란 집행행위에 의하지 아니하고 법령 자체에 의하여 자유의 제한, 의무의 부과, 권리 또는 법적 지위의 박탈이 생긴 경우를 뜻합니다.

청구인은 집행행위의 매개 없이 이 사건 법률조항 자체에 의하여 일정한 조치를 취하여야 할 의무를 부담하게 되므로, 직접성 요건도 충족합니다.

다. 보충성

헌법소원심판은 원칙적으로 다른 법률에 정한 구제절차를 모두 거친 후가 아니면 청구할 수 없습니다(헌법재판소법 제68조 제1항 단서). 다만, 다른 구제절차가 없는 경우 등에는 예외적으로 보충성의 원칙이 인정될 수 있습니다.

이 사건 심판대상은 법률조항이고 이에 대하여는 일반법원에 소송을 제기하는 길이 없으므로 보충성 요건도 충족합니다.

라. 청구기간

헌법재판소법 제68조 제1항에 따른 헌법소원의 심판은 그 사유가 있음을 안날로부터 90일 이내에, 그 사유가 있는 날로부터 1년 이내에 청구하여야 합니다(헌법재판소법 제69조 제1항). 한편, 이 사건과 같은 법령헌법소원의 경우, 원칙적으로 법령의 시행과 동시에 기본권을 침해받게 된다고 할 것이나, 그 시행에 유예기간을 둔 경우에 청구기간의 기산점을 언제로 볼 것인지가 문제됩니다.

이에 관하여, 헌법재판소는 종래 유예기간과 관계없이 법령의 시행일에 기본권의 침해를 받은 것으로 보았지만, 최근 유예기간의 경과시를 기산점으로 삼아야 한다고 그 견해를 변경하였습니다(헌재 2020.4.23. 2017헌마479). 그리고 헌법재판소는 상황성숙이론을 현재성요건에만 적용할 뿐 청구기간에는 적용하지 않음으로써, 청구기간은 "기본권의 침해가 예상되는 때"부터 진행되는 것이 아니라 "기본권이 명백히 현실 침해된 때"부터 진행된다고 보고 있습니다.

이 사건의 경우, 이 사건 법률은 부칙 제1조에 따라 이 법 공포 후 3개월이 경과한 날부터 시행되는 바, 그 유예기간 경과함에 따라 청구인은 자기의 기본권을 명백히 구체적·현실적으로 침해 받게 되므로, 그 청구기간의 기산점은 현실적으로 당해 법을 적용받게 된 때인 유예기간 경과일이라고 보아야 할 것입니다. 그렇다면, 이 사건 심판청구는 그 유예기간 경과일인 2024. 3. 5. 이전인 2024. 1. 9.에 이뤄졌으므로, 청구기간 미준수의 문제는 애당초 발생하지 않는다고 보아야 할 것입니다.

마. 변호사강제주의

청구인 서제공은 사인(私人)으로서, 법무법인 새해(담당변호사 김승소)를 대리인으로 선임하여 이 사건 헌법소원심판을 청구하였으므로, 헌법재판소법 제25조 제3항에 따른 변호사강제주의 요건도 충족하였습니다.

3. 위헌이라고 해석되는 이유 ··· ❸

가. 명확성원칙의 위배

(1) 명확성원칙의 의의와 판단기준

법치국가원리의 한 표현인 명확성의 원칙은 기본권을 제한하는 경우 그 법규범은 적용을 받는 국민이 그 내용을 분명히 이해할 수 있도록 명확하여야 한다는 것입니다. 그 이유는 규범의 의미 내용으로부터 무엇이 금지되는 행위이고 무엇이 허용되는 행위인지를 수범자가 알 수 없다면, 법적 안정성과 예측가능성은 확보될 수 없게 되며, 법집행 당국에 의한 자의적 집행의 가능성이 생기기 때문입니다(헌재 1990.4.2. 89헌가113; 2000.2.24. 98헌바37).

명확성의 원칙은 기본적으로 최대한이 아닌 최소한의 명확성을 요구하는 것이므로 법관의 보충적인 해석을 통해서 법문언의 의미내용을 확인해낼 수 있다면 명확성의 원칙에 반한다고 할 수 없습니다. 그리고 명확성의 정도는 모든 법률에 있어서 동일한 정도로 요구되는 것은 아니고, 개개의 법률이나 법조항의 성격에 따라 요구되는 정도에 차이가 있을 수 있습니다. 즉, 침해적 법률이나 형사관련 법률에서는 명확성이 더 엄격하게 요구되지만, 민사관련 법률이나 시혜적 법률인 때에는 명확성의 요건이 완화됩니다(헌재 2002.7.18. 2000헌바57 등).

(2) 이 사건의 경우

이 사건 법률조항은 형벌에 관한 조항이고, 동 조항에 따른 조치 의무를 불이행할 시 형사처벌이 부과된다는 점에서 이는 구성요건 부분이라고 할 것인데, 그렇다면, 죄형법정주의의 명확성원칙에 따라 이 사건 법률조항이 처벌하고자 하는 행위가 무엇인지, 나아가 그에 따라 자신의 행위를 결정할 수 있게끔 명확하게 규정되어야 할 것입니다.

그러나 이 사건 법률조항은 '발견 조치'와 '삭제 및 전송방지 조치'를 취하지 않은 온라인 서비스 제공자에 대하여 형사처벌 부과를 예정함으로써 온라인 서비스 제공자에게 상기 조치를 취할 의무를 부과하고 있으나, 어느 정도로 당해 조치를 취해야 하는지에 있어서 그 기준이 모호합니다. 또한 '즉시'라는 문구만으로는 어느 정도의 기간이나 시간 내에 초치를 취해야 하는지 불분명합니다.

즉, 조치 의무 위반 여부를 범죄의 구성요건으로 규정하면서도 구체적 기준 등에 대하여 전혀 규정하지 않아, 어느 정도 내용으로 위 조치들을 취해야 이 사건 법률조항에 따른 의무를 위반한 것이 아닌지는 추상적이고 모호하여 구체적으로 어느 정도를 가리키는지 알기 어려울 뿐만 아니라, 해석자의 개인적인 취향에 따라 좌우될 가능성이 아주 큽니다.

따라서 이 사건 법률조항은 법관의 보충적인 해석을 통해서도 그 의무 위반에 이르렀다고 판단될 수 있는 조치 의무 이행 기준을 확인해내기 어렵고, 결국 수범자로서는 어느 정도로 조치를 취해야 하는 것인지 명확하게 예측할 수도 없다는 점에서, 명확성원칙에 위배됩니다.

나. 직업의 자유의 침해

(1) 직업의 자유의 제한

헌법 제15조가 보장하는 '직업'은 "생활의 기본적 수요를 충족시키기 위한 계속적인 소득활동을 의미하며 그 종류나 성질은 불문합니다(헌재 2003.9.25. 2002헌마519)." 직업의 자유에는 자신이 원하는 직업을 자유롭게 선택할 수 있는 직업결정의 자유와 자기가 선택한 직업을 자기가 원하는 방식으로 자유롭게 행사할 수 있는 직업수행(행사)의 자유가 포함되며, 영업의 자유도 직업수행의 자유에 속합니다.

이 사건 법률조항은 기존에 다른 사람들이 정보통신망을 통하여 온라인 자료를 이용할 수 있도록 서비스를 제공하는 것을 업으로 하는 온라인 서비스 제공자에 대하여, 발견 조치나, 삭제 및 전송방지 조치를 취할 법적 의무를 부과함으로써 청구인 자신이 선택한 직업을 자기가 원하는 방식으로 자유롭게 행사할 수 있는 직업수행의 자유를 제한하고 있습니다.

(2) 위헌성 심사기준

단계이론은 직업의 자유를 제한함에 있어서는 가장 적은 침해를 가져오는 단계부터 제한하여야 한다는 이론으로, 1단계로 직업수행의 자유를 제한하고, 2단계로 주관적 사유에 의한 직업결정의 자유를 제한하며, 3단계로 객관적 사유에 의한 직업결정의 자유를 제한하여야 한다는 것입니다.

이 사건 법률조항은 1단계 직업수행의 제한에 해당하여 심사기준을 완화하여 적용할 여지가 있지만, 헌법 제37조 제2항에 따라 과잉금지원칙을 기준으로 하여 그 침해 여부를 판단하여야 할 것입니다.

(3) 과잉금지원칙 위반 여부

(가) 목적의 정당성 및 수단의 적합성

아동이용음란물은 아동을 성적 대상으로 보는 왜곡된 인식과 비정상적 가치관 형성에 영향을 주는 결정적인 수단으로서, 이를 시청하는 것이 아동 성범죄 발생의 주된 원인 중 하나로 알려져 있으며, 정보통신기술의 급속한 발전으로 정보통신망을 통해 아동이용음란물이 대량으로 유통된다는 점에서 아동을 성범죄로부터 보호하고 아동을 성적 대상으로 보는 왜곡된 인식 형성을 막기 위하여서라도 이 사건 법률의 입법목적의 정당성은 일응 인정된다고 할 것입니다. 또한 온라인 서비스 제공자에게 발견 조치, 삭제 및 전송방지 조치를 의무적으로 취하도록 하는 것은 위 입법목적의 달성에 기여하는 적합한 수단이라고 할 것입니다.

(나) 침해의 최소성

위와 같이, 아동이용음란물의 보관·유통을 규제하여야 한다는 취지는 바람직하고, 온라인 서비스 제공자의 자율적 규제에 맡기는 데에는 일정한 한계가 있기에 적극적 의무를 부과하는 것이 어느 정도 공감됩니다.

그러나 ① 이 사건 법률조항은 온라인 서비스 제공자에게 발견 조치 등을 취할 의무를 부과하면서 그 의무 위반 시 형사처벌의 부과를 예정하고 있으나, 국가의 형벌권의 발동은 최후의 보루여야 한다는 점에서 과태료 등 행정상 제재를 통해서도 충분히 위 입법목적을 달성할 수 있다고 할 것입니다. 또한, 앞서 살펴보았듯이, ② 이 사건 법률조항의 요구에 부응하기 위하여 조치를 어느 정도로 취해야 하는지도 매우 모호하여, 이에 따른 온라인 서비스 제공자의 기본권을 광범위하게 제한하고 있습니다.

③ 게다가 온라인 서비스 제공자는 정보 유통의 매개자에 불과한 자로서 아동이용음란물 유통에 적극적으로 관여하거나 이를 조장하지 않은 경우에도 일률적으로 형사처벌하는 것은 지나친 것이라고 할 수 있습니다.

따라서 위와 같은 점에 비추어, 이 사건 법률조항은 침해의 최소성을 결여하였습니다.

(다) 법익의 균형성

게다가 심판대상조항을 통해 달성하고자 하는 아동을 성범죄로부터 보호하고자 하는 공익은 막연하며 추상적인 반면에, 이로 인해 온라인 서비스 제공자는 발견 조치 등을 취해야 할 직접적이고도 구체적인 불이익을 입게 되는바,❶ 이는 직업의 자유 등에 대한 중대한 기본권 제약이므로, 법익의 균형성을 갖추지 못하였습니다.

(라) 소 결

그러므로 이 사건 법률조항은 과잉금지원칙에 위반하여 청구인의 직업의 자유를 침해합니다.

다. 형벌에 관한 책임주의 위배 여부 ❷

형벌에 관한 책임주의는 형사법의 기본원리로서, 헌법상 법치국가의 원리에 내재하는 원리인 동시에, 국민 누구나 인간으로서의 존엄과 가치를 가지고 스스로의 책임에 따라 자신의 행동을 결정할 것을 보장하고 있는 헌법 제10조와 과잉금지원칙을 규정하고 있는 헌법 제37조 제2항으로부터 도출되는 원리입니다(헌재 2007.11.29. 2005헌가10 등 참조).

이 사건 법률조항은 정보 유통의 매개자에 불과한 온라인 서비스 제공자에 대하여, 그가 아동이용음란물 유통에 적극적으로 관여하거나 이를 조장하지 않아, 그 음란물 유통·배포에 대하여 귀책사유를 물을 수 없는 경우에도 일률적으로 형사처벌의 부과를 예정하고 있다는 점에서 책임주의에 위배되어 청구인의 기본권을 침해하고 있습니다.

4. 결 론 (생략)

첨 부 서 류 (생략)

2024. 1. 9.

청구인의 대리인 (생략)   (인)

헌법재판소 귀중

---

❶ 특히 법률상담일지Ⅱ(기록 28면)에서 청구인 서제공은 "… 현재 이용 회원이 채 2만 명이 되지 않아 지금도 사업운영에 어려움을 겪고 있으며, … 조치를 취해야 하는 추가적인 부담을 지게 되었고…" 부분을 통해 이 사건 법률조항에 따라 사인이 받게 되는 불이익이 직접적이고 구체적이라는 것으로 충분히 포섭할 수 있을 것이다.

❷ 내부회의록Ⅱ(기록 30면 하단)에서 "온라인 서비스 제공자는 정보 유통의 매개자에 불과한데…" 부분을 청구인의 직업수행의 자유에 대한 과잉금지원칙 심사(특히 침해의 최소성 부분)에서 활용해도 되며, 이를 바탕으로 부가 쟁점으로 책임주의에도 위배된다는 주장도 충분히 해볼 수 있을 것이다.

MEMO

MEMO

MEMO